お金の育て方入門

貯めながら殖やす新しい習慣

30歳からはじめる

METHOD FOR GROWING MONEY

渋澤健×中野晴啓×藤野英人
KEN SHIBUSAWA　HARUHIRO NAKANO　HIDETO FUJINO

同文舘出版

はじめに

日本人の60歳以降の平均余命は、およそ90年。お金について考えるとき、人生は30年間ずつ、３つのステージに分けることができます。

逆から順に見ていくと、最後の30年は、定年退職した後の「ハッピーリタイアメント」。勤め先の定期的な給料は入ってきませんが、それまでの蓄えを生活費やレジャーに使っています。

その前の30年間は「稼ぐ」30年です。仕事に携わり、定期的な給料が入ってきます。自分の能力を磨き、人生が与える機会を逃すことないように積極的に行動すれば、収入アップも期待できる年齢です。収入から生活費を差し引いた余裕資金を、最後の30年間のために「育てていく」大切な人生のステージです。

ということは、最初の30年間は、人生の中心のステージに向けての準備体操ということになります。

長引く不況下で、銀行の金利は依然０％に近いまま。そんな状態で漠然としたお金の不安を抱えている人は少なくないでしょう。人生にとってお金は不可欠なもののはずなのに、お金についてきちんと学び、きちんと考える機会がこれまでなかったというのも不安の要因のひとつかもしれません。

現在、そして未来のお金のことが不安だ。でも、何から取り組んでいけばいいのかわからない。そんな人にこそ、本書の「お金を育てる」という考え方を知っていただき、ぜひ行動していただきたいのです。一人ひとりの未来を拓くために必要な、これからのお金の習慣です。

これは、私たち「草食投資隊」（コモンズ投信の渋澤健、セゾン投信の中野晴啓、ひふみ投信の藤野英人）が、3年以上にわたり、北海道の北見から沖縄の那覇まで日本全国で伝えてきた基本のメッセージです。

「投資」というと、ブラックなイメージを持つ方も少なくありません。そのような現状の中で、私たちは、お互いの「パイ」を奪い合う肉食系ではない、コツコツとお金を育てていく長期投資のよさや必要性について気づいていただくために、三社の別々の運用会社の代表が「草食投資隊」を結成して活動に取り組んできました（詳しくは、既刊『運用のプロが教える草食系投資』（日本経済新聞出版社）をご覧ください）。

結成当初は、セミナーで「3人は草食系というより、のび太、スネ夫、ジャイアンだ！」と指摘されたり、大嵐の中やっとの思いで到着したらマン・ツー・マン状態の来場者数で落ち込んだりしたときもありました。しかし、草食投資隊を結成したおかげで、私たち3名は日本全国でたくさんの素晴らしい出会いに恵まれました。

私たちのメッセージに共感してくださる方々は気持ちが前向きで、未来への希望を持っています。そして、希望というものは自然発生するものではなく、自分自身の地道な行動で得るものだということを潜在的にわかっています。

本書は、これまで私たち草食投資隊が、日本全国のこのような素晴らしい方々へお伝えしてきたメッセージ、そして、その対話から私たち自身が気づいたことのエッセンスが詰まっています。特に、これからお金を育てていく若い世代にこそ知っていただきたい内容です。また、30歳以上であっても、これからの時代に不可欠な考え方です。

せっかく与えてもらった未来です。その未来に希望を持ちましょう。そのために、私たち草食投資隊と勉強してみてください。

二〇一三年一月

渋澤健、中野晴啓、藤野英人

目次◎

はじめに

PRO LOGUE

お金についての「なんとなく不安」を解消するために

STEP 1
お金のモヤモヤをなくそう！
これからのお金の常識・非常識

STEP 2 貯めながら殖やそう！ 貯蓄と投資の基礎知識

STEP 3

10年後に後悔しない！お金を育てる具体策

STEP 4

お金に困らない人生を手に入れる！マネー力の鍛え方

EPILOGUE

お金との付き合い方を変えると、人生が好転していく

編集協力◎鈴木雅光
カバー・本文デザイン◎高橋明香（おかっぱ製作所）

※本書は、資産運用の参考情報を提供するものです。投資の判断はご自身の責任で行なってください。

METHOD FOR GROWING MONEY

お金について苦手意識や不安感があるのはなぜ？　まずはお金の意味について考えてみることから始めましょう。

PROLOGUE

お金についての「なんとなく不安」を解消するために

なぜ、お金に苦手意識があるのか？

編集T　私はアラサーの独身なんですが、友人と話をしていると、皆、お金のことについて何らかの不安な気持ちを持っています。なかには、もう老後の年金や生活資金のことを気にかけていて、とにかく貯金だと言いながら、せっせとお金を預金している人もいます。

聞く話によれば、日本人は平均3000万円ものお金を持ったまま、亡くなるというじゃないですか。それでも皆、貯めたがる。おそらく、そこには何か、皆の心を支配している不安感というか、モヤモヤしたものがあるのだと思います。なぜ、お金のことになると不安やモヤモヤでいっぱいになるのでしょうか。

渋澤　昔は何も考えなくてよかったんじゃないのかな？　だって、いい大学に入って、いい会社に就職すれば、それで人生一生安泰という時代だったから。

藤野　つまり、人生の勝ちパターンが明快だったということですよね。

左から
渋澤健：コモンズ投信株式会社 会長。
中野晴啓：セゾン投信株式会社 代表取締役社長。
藤野英人：レオス・キャピタルワークス株式会社 取締役CIO。ひふみ投信ファンドマネジャー。

渋澤　でも、今はさまざまな選択肢があり、何が正しいのかがわからない。皆、いろいろ考えなきゃなとは思っているのだけれども、結局、間違えるのが嫌だし、怖い。そういうことが世の中全体の不安感、モヤモヤにつながっているような気がします。

中野　日本って、この10年、20年で社会の構造が根本的に変わりましたよね。それ以前のモノの見方、考え方、ライフスタイル、成功事例などが、すべて古いものになってしまった。昔の成功モデルは、これからの成功モデルじゃないということを、多くの人が本能的にわかっているんだけれども、じゃあ、今の成功モデルは何かと問われると、誰もそこに正解を見いだせていない。だから不安なんだと思いますよ。

藤野　いや、逆に言えばわかっているんだよね。つまり一流の学歴、就職先というキャリアが必ずしも幸せな道ではないということは、わかっている。けれども、他の解がないから、むしろ昔の古い解にこだわっている人もたくさんいる。それが公務員人気や大企業神話につながっているんでしょう。

貯金にこだわっているというのも、そのひとつ。皆、銀行預金や郵便貯金に置いておいても大きなメリットはないと、本能的にはわかっているのだけれども、それに代わる解が見いだせていない。

渋澤 不安だから、自分が認知できる範囲内で動こうとする。そうなると引きこもってしまったり、安定志向になってしまったりするんですね。

中野 まあ、でも、誰もが何かしらモヤモヤしたものは持っているものです。

渋澤 そうだね。こんなことを言っている私たちだって、将来に対して何も不安がないかといえば、そうではないし……。

藤野 モヤモヤだらけですよね。

中野 だからこそ、とにかく行動してみることが大事なんだと思います。その成功事例を見せづらいというのが、なかなか厳しいところなんですが。特にお金についてはね。

日本人は皆「お金好き」!?

藤野　日本人ってお金のことを表立って口にするのは下品と考える民族って言うじゃないですか。ところが一方で、お金に対してとても執着心が強いようにも見受けられます。お金を抱え込んで、とにかく1円も減らさないようにしている貯金第一主義の人たちを見ると、そこには何の哲学もないですよね。いったい、何のためにそのお金があるのかということを全く考えない。

　お金に対する哲学がないことの背景には、ひょっとすると人生に対する哲学もないということがあるのかもしれません。とにかく何よりもお金を貯めること自体が幸せなのだという考え方が強まっていて、だから不安になるとお金を抱え込んで離さなくなる。その姿って、ちょっと想像してもらえるとわかると思うんだけど、かなり醜悪ですよね。

　日本人って当事者意識がなさすぎだと思うんです。お金を抱え込むことも、自分自身で判断して決めたことなのに、そういう感覚がないんですね。お金を抱え込んでいるのは社会が不安だからだと、多くの人は言うんだけど、それは極めてパッシブな被害者意識です。そうではなく、もっとアクティブに世の中を変えていこうという気持ちを持つことが大切なんじゃないかな。

中野 日本人の多くが今、「社会の中の自分」という意識を忘れてしまっています。これ、本当によくないことだと思うのですが、それがゆえに自分のことばかりを考えて、お金についても、とにかく自分は1銭も外に出さずに、全部抱え込む。1円たりとも減らしたくないという意識に凝り固まっています。

藤野 特に、この本の読者より上の世代のほうが顕著かもしれません。

渋澤 上の世代というのは、高度経済成長を見ているから、とにかく自分の給料も含めて、お金が増えていく一方という右肩上がりの状況を経験してきたわけだよね。だから、減らしたくないという意識も強いんじゃないのかな。

皆が貯金ばかりしていると、どうなるのか？

中野 何事もそうだと思うのですが、価値って自分がアクティブに行動して生み出していくものですよね。でも、今は多くの人が何も行動しようとしない。お金に関して言えば、それが預金に向かっている。

それじゃあ、預金したお金って、何に使われているのか、考えたことのある人っているのかなぁ。預金で集めたお金は企業融資などに回って、社会の潤滑油になるというのが金融の教科書的な定義ですが、今は多くの預金が国債の購入資金に向かっている。企業融資などに回れば、まだ社会の活性化につながるかもしれませんが、日本の財政は今、赤字です。赤字国債の購入に向かっている以上、それは「死に金」になっているのと同じです。それでも預金するんですか、ということです。

藤野 皆が預金に集中してお金を預けているというのは、ある意味、非常に高いリスクを負うことになります。特にこれからは。

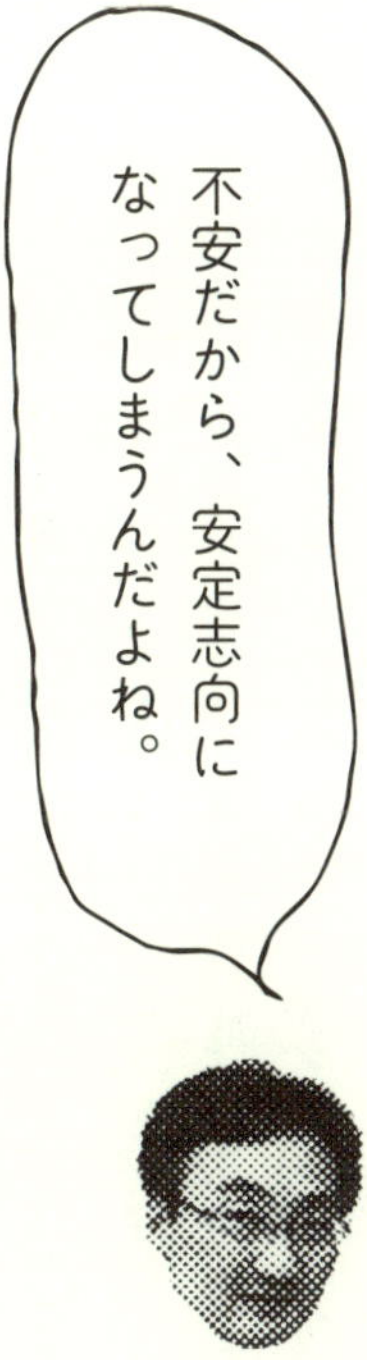
不安だから、安定志向に
なってしまうんだよね。

日本政府は今、多額の負債を抱えています。財政赤字の額は1000兆円。これ、もう返済は不可能な額でしょう。窮した政府は何をするのかというと、インフレを引き起こすような政策を採るはずです。物価が上がれば、相対的にお金の価値は目減りしますから、名目上、財政赤字の負担は軽減されます。究極的には、これが起こるリスクが非常に高い。

現状を見ると、日本の家計はお金をたくさん持っているけれども、それを表に出したがらない。全部、自分たちで抱え込もうとしている。しかも、税金も払いたくない。寄付もしない。投資なんてとんでもないという一方で、社会保障だけは十二分に欲しいとなると、どんどん政府の債務は膨らんでいきます。

それが、返済のしようがないところまで膨らんだとき、政府はどういう選択をするかというと、お金の価値を目減りさせて、債務の負担を軽くするわけです。

そうなると、皆、元本が目減りするリスクを怖がって投資をせず、預金しているわけですが、お金の価値が目減りすれば、預金だって実質的に「元本割れ」するのと同じことになる。まさに今、預金だけに資産を集中させているのが、いかに危険であるかということをしっかり認識する必要があります。

中野　とてもわかりやすいシナリオで動いているんです。消費税率を引き上げるというの

は、国民が持っているたくさんのお金からちょっとずつ国に吸い上げさせてもらうということですし、インフレにすれば富を民から国に移転させるのと同じ効果があります。おそらく、両方並行して進んでいくでしょう。

藤野 海外の投資家などは、日本の金融システムはまだ健全だなどと言っていますが、これは皮肉なことに、日本人が多額の現金を抱え込んだままだからというのが最大の理由です。つまり、国民が抱え込んでいるお金が、将来的に債務の担保になり得ると思われている。そして、増税やインフレによって、この富が吸い上げられるという構図です。

中野 そもそも、お金って基本的には、元気に動きたいものなんですよね。それを今、皆で監禁状態にしているわけです。動かさないとどうなるかというと、最後の最後にはお金の力がどんどん衰弱して腐っちゃう。つまり価値がなくなっていくんですよ。それがインフレです。

お金は元気に働かせて初めて価値を維持できます。これは経済の大原則です。だから、皆で抱え込んでいる限り、日本経済が元気を取り戻すことはないと思います。

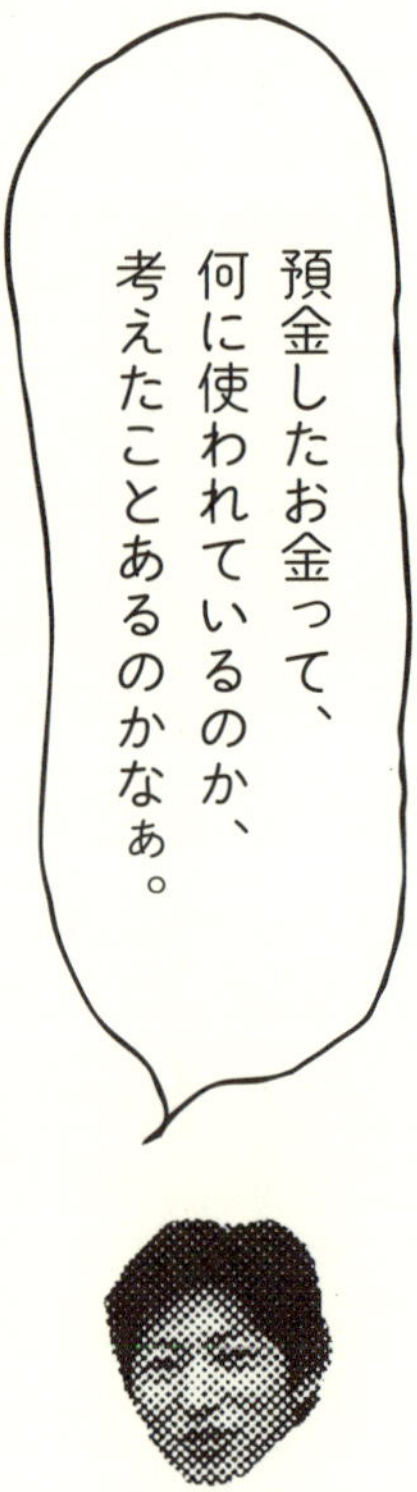
預金したお金って、
何に使われているのか、
考えたことあるのかなぁ。

渋澤　ちょっと観点が違うんだけど、「時間」という切り口でお金のことを考えるという感覚も、日本人って乏しいよね。

お金というと、多くの人は「量」という縦軸しか見ていない。「時間」という横軸には全く無関心。たとえば今持っている100円のほうが、未来の100円よりも価値があるじゃないですか。理由は簡単で、今ここにある100円ならば、いろいろなことに使えるからということですよね。

藤野　これ、日本の会社がどうして弱体化したのかということにも関係していると思います。サラリーマン経営者の会社は特に、ものすごい短期指向ですよね。本当に四半期ベースの業績しか見ていない。目先の業績、財務、コンプライアンスみたいなことにばかり目を向けていて、長期的な戦略がすっぽりと抜け落ちている。

この10年、日本企業で株価が上昇した会社は、大半がオーナー企業で、サラリーマン経営者の会社は、ほとんど株価が上がっていません。オーナー企業の場合、株価の上がり下がりが自分の懐に直結していることと、ファミリービジネスとして行なっているケースが多いので、経営者本人だけでなく、自分のファミリーが存在している限りなくならないビジネスという観点で考えているから、30年後、あるいは50年後までも生き延びることのできる戦略を常に練っていることも、影響しているのでしょうね。

知識を学べば安心できる？

編集T　お金についての不安を取り除くためには、基本的なお金の知識をまず身につけなくちゃいけない、とコンプレックスに思っています。でも、知識といっても何から学べばいいのかわからなくて……。

渋澤　いきなりこんなことを言うのもなんだけど、まず知っておくべきお金の基本というのは、「必ず失敗がつきまとう」ということでしょう。

編集T　えぇ〜！

渋澤　誰にでも経験はあるんじゃないでしょうか。お小遣いをもらって、それでお菓子をたくさん買っちゃったとか。日常生活を送る中で、そういう小さなお金の失敗って、たくさんありますよね。で、失敗をしてはいけないって親から教えられたから、身動きが取れなくなってしまうのは当然じゃないかな。

　でもね、皆、失敗するんです。だから、どういうことがお金の失敗パターンなのかということを、もっと学んだほうがいい。

藤野　恋愛に喩えるとわかりやすいかな。恋愛と失恋は常に背中合わせですよね。うまくいくこともあるけれども、それ以上に失恋するケースが多いわけです。で、何度も失恋するけれども、それでも恋愛したいじゃないですか。何かに挑戦しようとすれば、必ず失敗はつきものです。恋愛もお金も、そこは同じだと思います。

　失敗を恐れるあまり、全然恋愛を経験しない人生が、本当に素敵な人生なのかどうかということを、じっくり考えてみるといいでしょう。

中野 そうですね。動かなければ何も得られない。アクションを起こさなければ、恋人を得ることはできない。お金も同じですよね。

渋澤 お金で失敗しても、別に死んでしまうわけではないじゃないですか。もちろん、高利貸しから大借金をすれば、首が回らなくなって、「もう死ぬしかない」という気持ちになるのかもしれないけれども、常識的な範囲でお金と付き合っていくなら、たとえ失敗しても、そこまで追い詰められることはない。

だって、横断歩道を渡っているときに車に跳ねられて死んでしまうこともあるわけだし、おまんじゅうをのどに詰まらせて死んでしまうこともあるわけです。日常生活には「リスク」という不確実性がたくさんあります。そう考えれば、お金の失敗なんて、大事《おおごと》ではないですよね。経験や勉強をさせてもらったと思えばよいのです。

中野 よく考えてみてください。私たちの日々の生活は、経済とつながっていますよね。だから、お金のことがわからない、経済のことは苦手というのは、そういう意識が希薄だということです。一人ひとりが経済活動の一部を構成しているのですから、まずはその認識をしっかり持つことが大切だと思いますよ。

自分と社会がどんなふうにつながっているのかを考えてみる

藤野　それ、もっと根本的な話をすると、自分の取っている行動が社会、あるいは経済とどのようにつながっているのかということがわかっていないからだと思いますよ。自分自身がどこかで働いているのだけれども、そこにどのようなお金の流れがあるのかということを理解していないということです。

多くの人の勤労意識って、会社に時間の拘束をされ、上司から無理難題を吹っかけられ、それを我慢したことの報酬として、月々の給料を受け取っているという感じじゃないですか。でも、よく考えてもらいたいのですが、そのお給料ってどこから得ているのかというと、これはもう１００％と言ってもいいと思うのですが、お客様からです。飲みに行って、上司がおごってくれたお金も、結局のところはお客様のお金です。

営業のように、お客様と直接会う仕事をしている人はともかく、経理や総務、企画といった間接部門にいる人だと、自分はお客様のためにサービスをし、その対価を受け取っているという感覚になりにくいかもしれませんね。

ある意味、子供が学校に行って、先生の言うことをよく聞いて褒められる、あるいは親から褒められてお小遣いをもらう、その延長線で仕事を考えている人が、とても多いような気がします。

中野　子供のお小遣い感覚から抜け出さないと、いつまで経っても経済を理解することはできません。

仕事って、義務としてやってお小遣いをもらうというのとは、明らかに違う世界なんだと思いますよ。人生の中で、仕事ってとても大事なものなんだけれども、皆がそれを義務という言葉に置き換えてしまっているから、働くのは仕方がないことと思いがちだし、自分の仕事が世の中とどのような関係性を持ち、そこにどのようなお金の流れがあるのかということに対して、興味を持てなくなっている。

自分がお給料などの形で得ているお金というのは、自分が提供した価値に対して、他の

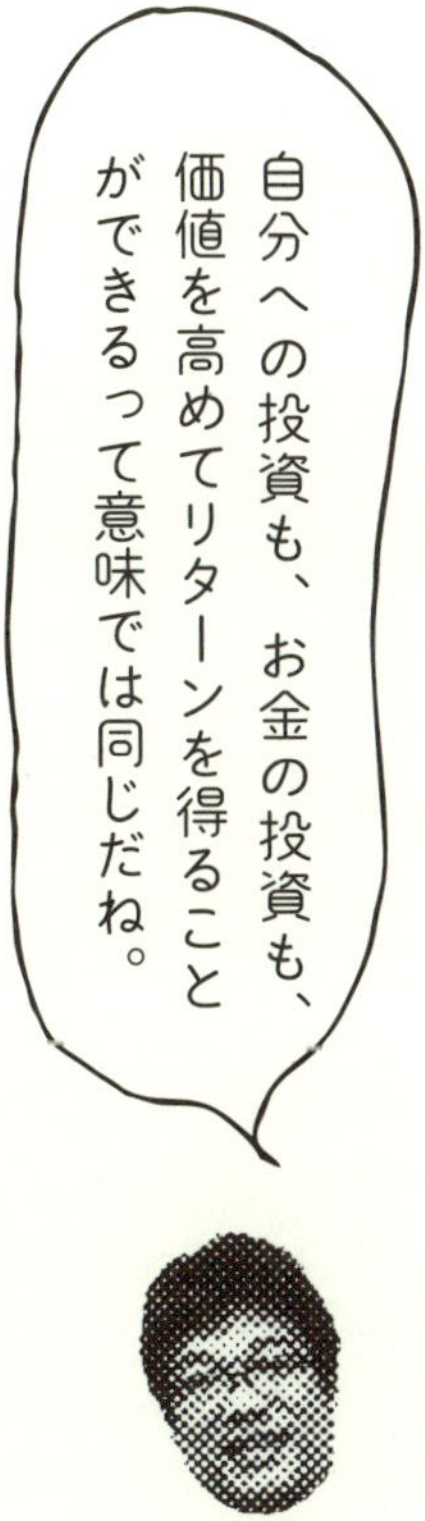
自分への投資も、お金の投資も、価値を高めてリターンを得ることができるって意味では同じだね。

誰かが持っているお金をリプレースした成果物と考えることができます。

渋澤 つまり、自分の価値を高めないと、より多くの収入を得ることはできないということになりますね。何もかもが不安で、同じ場所から動けないというのは、自分の価値を高めていないことにもつながってくる。

中野 見えてきましたね。モヤモヤを解消する方法が。ポイントはまず自分を磨いて、自分が世の中に対して提供する価値を高めるということですね。

渋澤 自分の価値は誰も磨いてくれませんからね。一所懸命、自分で磨くしかない。

藤野 自分を磨くとね、いろいろいいことが起こるんですよ。お給料が増えるかもしれませんし、よい配偶者、よい恋人、よい仲間にも恵まれる。いつも思うんですが、人間っていろいろ欲しいものはあるけれども、最終的にはよい仲間が欲しいんじゃないかな。ところが人を裏切ってばかりだったり、責任を果たさなかったりすると、よい仲間はできない。それでは人生寂しいから、ちょっと意識の高い人は、映画を観たり、音楽を聴いたり、書物を読んだりすることによって、自分磨きをする。これ、「自己投資」ですよね。

多くの人は「投資」というと、「何それ?」って感じかもしれない。でも、実は知らないうちに自分への投資はしているんです。そうすることで、自分自身の価値を高めるというリターンを得ることができます。

お金の投資もそれと同じ。社会に対して資金を投じ、世の中をよくしていこうと考えると、投資に対する苦手意識もなくなっていくような気がしますね。

中野　この本を読んでいることだって、立派な投資。お金を育てていくうえでの大きな第一歩となる行動です。お金との付き合い方って、人付き合いや生き方に直結することですよね。お金の育て方を学ぶことで、自分の人生の育て方も一緒に考えていきましょう!

METHOD FOR GROWING MONEY

これまで誰からも教わってこなかった、お金の基礎知識や仕組みを学んで、経済の今とこれからを知りましょう。

STEP 1

お金のモヤモヤをなくそう！これからのお金の常識・非常識

THEMA 1

そもそもお金って何？

最初の会社に入ったとき、先輩が「お金の本質を教えてやろう」と言って、ぽそっとつぶやきました。

「お金って、おっかねーんだ」

おやじギャグですね。でも、私は結構、これがお金の原点だと思っています。

もちろん、お金がたくさんあるということは素敵なことだし、ポジティブな面があるのは事実です。しかし、ホリエモン事件や村上ファンド事件、ＡＩＪ投資顧問事件など、お金に絡んだ経済事件などを幾度となく見聞きすると、お金を持つことの怖さ、それにともなう責任の重さというものを、まざまざと実感させられます。

私が運用会社に入社したとき、まず叩き込まれたのは、お金がいかに人間を狂わせるものなのか、ということでした。よく考えてみてください。ほぼすべてと言ってもいいと思うのですが、戦争が起こった原因は、経済的な問題が大半を占めています。つまり、お金は爆弾よりも怖いものと言えるのです。何しろ、戦争という大量殺戮にまで至るケースがあるのですから。

「お金って何？」という問いに対してはさまざまな回答があります。まず頭に浮かぶのが、価値を量る、価値を保存する、価値を交換するという3つの機能です。確かに、お金は価値の基準になりますし、腐らないから価値を保存できます。そして、お金を払って何かを買うという交換機能も有しています。

そして、もう少し深いところに目を向けると、お金とは何かの引き換えによるものと考えることができます。お給料であれば、自分の労働と引き換えに得たものですし、遺産であれば親の命との引き換えによるものということになります。だから、決して軽い存在ではない。非常に重みを持つものなのです。

つまり、単なる数字ではなく、そこには血が通っていて、鮮やかな肉体性がある。想いもあれば、業もある。そして、人の欲望につ

お金には流れがあって、社会に巡り回ることができるから価値があるんですね。

じゃあ、「お金に色はついていない」というのはウソですね。

ながっている。これが、お金です。

欲望につながっているからこそ、お金に振り回されるような生き方をしてはいけません。確かに、たくさんのお金があれば、さまざまな制約から解き放たれて、自由になれます。だから、お金はないよりも、あるに越したことはないのですが、では、大金持ちだったら、何でも買うことができるから幸せと断言できますか？

できないですよね。たとえお金をたくさん持っていても、自分の周りに信頼できる人がひとりもおらず、皆が敵に見えるという状況は、やはり不幸なことです。逆に、そんなにお金を持っていなくても、幸せを実感しながら生きている人は、大勢います。

結局のところ、人にとって一番大事なことは、常に「チャット」できる相手が近くにいることなのだと思います。もちろん、大きな家に住めれば、それは快適かもしれない。でも、小さな家にしか住めなかったとしても、近くに毎日おしゃべりする相手がいるというのは、何よりの財産ですし、お金以上に大事なものと言えるのではないでしょうか。

お金というのは、人生をよりよいものにするうえで、そのごく一部に過ぎません。お金に惑わされてはいけませんし、お金に狂奔するというのも、あまりにも浅ましいと思います。

確かに、全くお金がない状態では、いくら周りにいい友達がたくさんいたとしても、常に命の危険と背中合わせですから、幸せとは言えません。したがって、ある程度のところまでは、お金の量と幸せ感は正比例します。でも、お金の量が増えてくると、一概に幸せ感とイコールだとは言えなくなります。つまり、お金の量がある程度の水準を超えてくると、今度はお金以外のものが大切になってくるということです。

今、多くの人が、お金を貯めることに人生の関心の大半を費やしているように見受けられます。それだけ将来に対する不安感が強いのかもしれませんが、お金がないことの不安に比べると、これからの人生を共に歩んでいく仲間が全くいないことの不安のほうが、はるかに大きいと私は思います。

【藤野 】

人生の幸せを構成する要素には、お金で価値を量れないことがいくつもあるはずですよね。

私たち3人が一緒に行動しているのは、不安を吹き飛ばすためでもありますね。

THEMA 2

お金を貯めなきゃ！と思うのはなぜ？

お金を貯めたがるのは、未来が不安だからです。

でも、未来がどうなるのかなんてことは、誰にもわかりません。唯一、確実なのは、誰にでも、いつか死が訪れるということです。

誰もが死ぬのだから、その意味で最終的な到達点は同じなのに、なぜかそれまでの間、命の危機を感じることなく、安定した生活をしたいと願う。それが人間の性なのでしょう。

ところが、現実に目を向けてみると、この「安定した生活」というのが、なかなかできない状況になってきました。

おそらく、大企業に勤めている人というのは、まさにこの安定した生活を手にするため、勤め先として大企業を選んだわけです。しかし、昨今では、大企業を選んだことが果たして安定した生活をするうえで正しかったのかどうか、非常に不透明になってきています。何しろ、かつては安泰と思われてきた大企業が、軒並み倒産、もしくはその直前に近い状況に追い込まれているのですから。

このように、未来が予測できない不安、未来のことがよくわからないという不安が高じると、それにともなってお金に対する依存度が高まってきます。未来というのは、自分自身を取り囲んでいる仕事や生活環境、会社、あるいは周りの人々の今後など、いろいろな要因によって構成されますが、かつてはいずれも右肩上がりの世の中で、実に安定していました。それが今、不安定化してきている。こうなると、お金というものが、非常にしっかりした価値を持っていて、安定しているかのように見えてきます。

お金さえあれば、どれだけ不安定な世の中になったとしても、とりあえずしのぐことができる。このお金を持つことが安心だという気持ちが世の中全体に蔓延して、とにかく預金にお金を置いておこうという風潮が強まってきているようです。

お金に依存しようという気持ちが強いのは、結局のところ、自分

でも、未来のことがすべてわかってしまったら、つまらない人生になるだろうね。

の人生の未来に対する不安感が強いことの裏返しです。何もかも預金にしておけばいいという考え方に凝り固まっているのは、要は未来について不安だらけだから、何も考えたくないと言っているのと同じことなのです。それは、自分の未来に対するイメージが乏しいからでもあるのでしょう。

　未来には、さまざまな選択肢があります。結婚してパートナーを持つか持たないか、結婚したとして子供を持つか持たないか、あるいは自分のキャリアをどうしていきたいのか。こうした選択肢から最適なものを選び、自分の将来設計を組み立てていきます。

　当然、そこにはさまざまな形でお金の問題も関わってきますから、お金について考えることと、未来について考えることは、イコールなのです。それなのに、お金について何も考えず、とにかく貯め込んでおきさえすればOKというのは、自分自身の未来について、何も考えていないと言っているのも同然です。

「倹約と貯蓄は美徳」と言われます。確かに、一人ひとりが分相応な生活をするというのは、とても大切なことです。しかし、貯蓄も

自分の人生を本気で考えたことのある人って、どれくらいいるんだろう。

行き過ぎると、世の中的に決してよいことにはなりません。

確かに個々人で考えれば、分相応な生活をし、幾ばくかの蓄財をするのはよいことなのですが、全員が全員、がっちりとお金を抱え込むような状況になったら、社会にお金が供給されず、たちまち経済活動が滞ってしまいます。これを「合成の誤謬」といいます。

それでも人は未来に対して不安だから、お金を貯めたがります。この負の連鎖を解決するためには、私たち一人ひとりがお金について勉強するのが一番です。何も、難しい投資理論やマクロ経済の勉強をしろと言っているのではありません。もっと身近なところで、知っておくといいお金の知識はたくさんあります。

たとえば、自分の生涯で必要なお金はいくらなのか。それに対して、いくら稼ぎが期待できるのか。自分たちの年金はいくらになるのか。知らないことは多いと思います。こうしたお金の実体がわかっていないから、漠然とした不安感を抱くことになるのです。

まずはお金について勉強してみましょう。お金の全体像が見えてくれば、少しずつお金に関する不安感も解消されていくはずです。【藤野】

THEMA 3

預金のお金って、どう使われているの？

自分が預金したお金が何かに使われているという感覚のないまま、無意識で預金にお金を置きっぱなしにしている人も少なくないでしょう。その意識を変えるためにも、今日からは「預金にお金を置いておく」のではなく、「銀行にお金を貸している」と考えるようにしてください。

この意識を持つことは、とても大事だと思います。現在、日本の個人金融資産の半分以上が預金になっています。金額にして800兆円前後はあります。日本人の大半が、自分の大事な資産を預金に置いてあるのに、おそらく銀行に「貸している」という意識を持っている人は、ごくごく少数でしょう。

それは、銀行が皆さんから預金を通じてお金を集めた後、それを何に使っているのかを考えれば簡単に理解できます。

「無意識」の行動から「意識」的に行動することで、多くの問題が解決しますよ。

銀行預金のお金というのは、自分の手元にあるものじゃないんですね。

預金に置いてあるお金は、何もせず、黙っているだけで利子がつくというものではありません。銀行が仲介役になって、預金で集めたお金を企業などに融資しているのです。

銀行は、たとえば預金者に0・2％の利子を払うという約束で預金を集めた後、企業などに対して年2％の利子を取って融資します。銀行からすれば、0・2％の利子でお金を調達し、それを2％で貸し出すわけですから、その差となる1・8％が、銀行の取り分になります。これが金融取引の基本です。

そもそも、預金をする側から言えば、お金を預けているのにお金がもらえるというのは、何か変だと思いませんか？

よく、「今は銀行に預けておいても利子がつかないから、まるで貸金庫に現金を入れているようなものだ」と言う人がいます。

でも、よく考えてみてください。貸金庫を利用する際には、利用料金を支払う必要があります。ということは、預金にお金を置いておくだけで利子を受け取ることができる以上、貸金庫に預けているのとは全く異なる取引をしているわけです。

つまり、銀行にお金を貸しているからこそ、預金者は債権者として、利子を受け取る権利があるわけです。

預金をする場合は、この点をきちんと理解しておくことが大事です。そうすれば、単に金利が高いからといって、経営状態の危ない、信用力の低い銀行にお金を預けることもなくなります。

お金を借りる側と貸す側の関係を、もう少し深く考えてみましょう。お金を貸す側と借りる側、どちらが強いと思いますか？

これ、明らかにお金を借りる側のほうが強いのです。

皆さんは、借金すること自体が何か後ろめたいことであり、だからこそ借金が返済できないと、もう人生が終わってしまったかのような気持ちになるようですが、金融の世界において、本当に強いのは、お金を貸す側ではなく借りる側なのです。

２００１年、アルゼンチンが財政破たんに陥りました。当時、金利が高かったアルゼンチン債は、日本の個人からも高い人気を集めていましたが、財政が破たんしてしまったため、その債券は紙切れ

預金にお金を置くためにコストがかかる（マイナス金利）ようになったら、日本人はお金を引き出して使うようになるかな？

貸し手が強いというのが一般的なイメージかもしれないね。

になる恐れが高まりました。

「返せないものは返せない」。アルゼンチン政府は開き直りです。たとえば償還までの期間が10年だったのを30年、あるいは40年に引き伸ばし、さらに金利も本来なら10%だったのを1%に引き下げるなど、借り手にとって極めて有利な条件に変更し、アルゼンチン政府が少しずつでも返済してくれる仕組みにしました。

つまり、お金というのは一度借りたら、借りた者勝ちだということです。これは歴史も証明しています。日本も、明治維新のときには、幕府が抱えていた借金が棒引きされましたし、鎌倉時代から室町時代にかけては「徳政令」が出され、朝廷や幕府が債権者に対して借金の棒引きを命じました。債権者ではなく、債務者のほうが、実は力が強いのです。

だから、銀行にお金を預けておくのは結構ですが、単に貸金庫の感覚で預けるのではなく、頭の片隅にでも「お金を銀行に対して貸し出しているんだ」というイメージを浮かべながら、預金を利用することをおすすめします。

【中野】

お金を貸すことって、怖いんだ！

THEMA 4

税金って、まだ上がるの？

税金が上がるのか、それとも下がるのかと問われれば、答えはひとつだけです。上がります。

すでに、消費税については10％まで引き上げられることが決まっています。かつて3％という水準からスタートした消費税率ですが、それが5％になり、現時点で決まっているのが10％。でも、これで未来永劫、10％のままという保証もまた、ありません。将来的には、15％、20％というように、さらに上がっていくことも考えられます。

その他、相続税については課税強化の動きがありますし、各種所得控除は廃止されていくでしょう。おそらく、これから一段と重税感が強まっていくはずです。

このように、至るところから「増税」のかけ声が高まってきたのは、日本が財政危機に陥っているからです。

日本が今、深刻な財政危機に直面していることは、皆さんも知っての通りです。が、ここでひとつ勘違いしないようにしてください。「日本という国自体」は、決して財政危機になど陥っていません。財政危機に陥っているのは、「日本政府」なのです。

この意味、わかりますか？　もう少し詳しく説明すると、日本という国には、実はたくさんお金があるのです。そのお金を誰が持っているのかというと、日本政府ではなく私たち生活者です。

前項の通り、日本の個人金融資産は1500兆円とも言われています。これに対して、日本政府が抱えている借金の額は1000兆円程度ですから、日本という国全体の資金バランスという観点から見れば、まだまだ財政危機というには、大きなのりしろがあることになります。したがって、ギリシャ危機をはじめとして、欧州債務危機が高まったとき、「次は日本だ」などという声も上がりましたが、日本がギリシャと同じような状況に追い込まれることにはならないでしょう。

とはいえ、いつまでも1000兆円を超える借金をそのままにしておくわけにはいきません。仮に将来、金利が本格的に上昇し始めたら、1000兆円の借金にかかる利子の支払いだけでも、莫大なお金が必要になります。ですから、そうなる前に日本政府は、この莫大な額の借金を何とかしたいと思っているに違いないのです。

では、どういう方法を取るのかというと、ひとつは税率を引き上げるということ。これが一番わかりやすい方法です。つまり、お金を持っている生活者から、税金という形で直接、自分たちの借金を返済するのに必要なお金を頂戴するのです。

2つ目の方法はインフレです。インフレというのは、モノの値段がどんどん上がっていくことを意味します。ということは、相対的にお金の価値はどんどん目減りしていきます。

借金というのは、まさに現金を借りていることですから、インフレがどんどん進めば、その分だけ借金の負担感が軽くなります。インフレによって名目上、企業の売上が増えたり、個人の所得が増えたりすれば、その分だけ税金を多く取ることができます。でも、借

もし給料が上がらずにインフレが起こったら、買えるものが少なくなるということ。恐ろしいことだね！

金の額は額面のまま変わりませんから、仮に物価が倍になれば、借金の負担感は半分になるわけです。

万が一、日本政府が借金で追い詰められたら、この2つの方法の合わせ技で来ることが予想されます。つまり、増税とインフレです。そして、それを実現させるだけの力を、日本政府は持っています。

今、世間的にはデフレが問題視されており、世の中「節約」ブームです。自分自身の老後が心配だから、お金は使わず、すべて銀行預金にしまっておく。損するのが嫌だから、株式や投資信託などのリスク性商品で運用するなんてとんでもないことと思っている。……これが、特に今の20代、30代の人たちに典型的に見られるお金との付き合い方だと思います。

しかし、厳しい財政事情を背負った政府が、今後どのような行動を取ってくるのかを考えると、何でもかんでも現金にしておくのは、むしろ自分の大事なお金を大変なリスクに晒していることになるでしょう。

【中野】

THEMA 5

デフレの時代って、歓迎するべき?

ご存じの通り、日本は今、デフレの時代です。デフレになると、モノの値段がどんどん下がります。実際、皆さんもいろいろなところでデフレを実感しているでしょう。服、外食、耐久消費財各種、旅行などなど。最近は、東京からニューヨークの往復航空料金が3万5000円といった格安チケットも出回っています。

これは、私たちの生活にとって、よいことでしょうか? それとも悪いことでしょうか?

安くモノが買えるというのは、生活者目線で考えれば、決して悪い話ではありません。100円で1個買えたものが2個買えるとしたら、それは同じ100円でも、実質的にお金の価値が上がったのと同じことになります。

ただ、ここには大きな問題が含まれています。それは、「デフレが怖いものである」というイメージを持っている人がほとんどいないということです。つまり、「デフレは物価が下がること」というのは何となくわかっても、それがマクロ経済にどういう影響を及ぼすのかというところまでは、なかなか想像が行き届かないのです。

実のところ、デフレほど怖いものはありません。確かに安くモノを買えるのかもしれませんが、自分の労働に対する対価も安くなる恐れがあるのです。つまり、収入が減るということです。

これまで1個100円で売っていたものが、たとえば80円に値下がりしてしまったら、それだけで企業の売上は5分の4に落ち込みます。ということは、従業員の給料も5分の4にしなければ、帳尻が合わなくなります。給料が下がるというのは、このデフレ下においては当然のことなのです。

これに加えて、デフレが進むと、その国の通貨は高くなります。日本であれば、円高が進みます。円高が進むと、日本の輸出企業の業績が悪化します。1ドル＝100円のときに1万ドルの製品を売

デフレって、気づかないことが一番怖いね。動かないほうが勝ちだと思ってしまう。

一方で、激しいインフレも怖いですけどね。何事もほどほどがのぞましい。

れば、円建てで100万円の売上になりますが、1ドル＝80円になったら80万円の売上にしかなりません。輸出企業にとっては、デフレで売上が減り、それに加えて円高でも売上が減るのです。

1998年当時のドル／円は1ドル＝147円。それが2012年には1ドル＝76円近辺まで円高が進みましたから、円はドルに対して倍近くも値上がりしたことになります。

給料をはじめとした収入が絶対に減らないという前提で、もしデフレと円高が進んだとしたら、誰もがお金持ちになります。円という現金通貨の価値が上がるからです。

でも、経済合理性から考えても、決してそのようなことにはなりません。円高とデフレが進めば、日本の企業は経営が苦しくなり、結果的にそこで働く人々の収入も減るのです。つまり、世の中にうまい話はないということです。

したがって、デフレを止めなければ、給料はこのままどんどん下がり続けます。当然、企業の売上も減ります。売上が減るということとは、経済が縮小するということです。

では、実際に日本経済はどのくらい縮小したのでしょうか。

バブルが崩壊してから20年以上が経ち、日本の名目GDP※はどのくらい縮小したのかというと、バブルのピークだった1989年が416兆2458億円であるのに対して、2012年の推計値が474兆5586億円ですから、実はデフレで経済全体が縮小するどころか、逆に若干とはいえ成長していることになります。

これは、とてもすごいことなのです。今、多くの人が「日本企業はダメだ」などと言っていますが、決してそのようなことはありません。それは、名目GDPの推移を見ても一目瞭然です。デフレがどんどん進んでいるのにもかかわらず、名目GDPが全く目減りしていないのは、ひとえに企業が血のにじむような努力を積み重ねて、たくさんの「ありがとう」を生み出しているからなのです。

デフレは絶対によくない。デフレが続く限り、日本経済の低迷はいつまでも続きます。だからこそ、皆で知恵を絞って、デフレから脱却する方法を真剣に考える必要があるのです。

【中野 】

【名目GDP】インフレ率を加味せずに表示されるGDPのこと。一定期間中に日本国内で生み出された財・サービスの総額を示しており、その伸び率が経済成長率になる。ただ、インフレで物価全体が上昇しているときは名目GDPも押し上げられるが、それはインフレによって名目上の数字がかさ上げされているだけで、実質的に経済が成長しているとは言えない。

日本企業は頑張っていますよ!!

THEMA 6

円高とデフレが止まれば、日本経済は正常に戻る？

今の日本経済を苦しめている要因は、円高とデフレです。これは間違いのないところだと思います。

円高が進むから、日本の輸出産業は海外での競争力を失い、そこで働く人たちの給料が減ってしまう。しかも、円高が続く限り、デフレ圧力が弱まることはないでしょう。したがって、円高に歯止めをかけ、円安に転じさせられれば、日本経済が回復するきっかけのひとつはつかめます。

一応、日本銀行（日銀）も自分たちへの批判をかわそうとして、10兆円規模の金融緩和は実施していますが、米国が行なっている金融緩和の場合、総額で100兆円を超えています。

つまり、いくら日銀が「金融緩和を行なって、デフレからの脱却を目指しますよ」とアナウンスしたとしても、これだけの差を見せつけられると、いささか「なんだかなぁ……」という気はします。

日銀が金融緩和した場合は、円資金がどんどん金融市場に供給されますから、需給バランスから考えれば、円安が進んでしかるべきです。しかし一方で、米国が日本をはるかに上回る規模で金融を緩和していますから、結局のところ、円資金を上回るドル資金が供給されるため、円とドルのバランスで言うと、ドル安が進んでしまうのです。

自民党の安倍首相が、マイナス金利発言をしたところ、為替市場では円安が進み始めました。マイナス金利政策が正しいかどうかは議論の必要なところだと思いますが、いずれにしても、日本が思い切った金融緩和政策を打ち出せば、円安が進む可能性があるということです。もし、100兆円規模の金融緩和を行なえば、円安へと転じ、円高という日本経済を苦しめてきた要因のひとつが解消するでしょう（ただし、行きすぎた円安は経済に別の副作用をもたらします）。

でも、金融緩和では自分のお金の価値が下がるということを忘れずに！

次にデフレ。デフレがいけないことであるのは、すでに説明した通りです。したがって、政策としてきっちりと、デフレ対策を打ち出すことができるかどうかが、これからの注目点になります。

では、どうすればデフレを解消することができるのでしょうか。これは、国の政策だけではどうにもなりません。国民一人ひとりの力を合わせる必要があります。それは何かと言えば、預金することをやめるということです。

需要と供給のバランスが取れなくなったとか、円高が進んだからとか、理由はいろいろありますが、結局のところ、皆がお金を預金に回してしまったことが、デフレを助長したという側面はあります。皆がお金を抱え込もうとするから、お金が経済に回らなくなり、デフレが加速するのです。

デフレが進んでいるときは、物価が下がっていきますから、資産を現金で持っているだけで、現金の価値が相対的に上がっていきます。まさに「キャッシュ・イズ・キング」なのです。したがって、一人ひとりの対処法としては、デフレなので資産を現金にしておくのは正しいのですが、大勢の人が同じ行動をすると、経済全体にお金が回らなくなり、デフレが進んでしまいます。まさに「合成の誤謬」というやつです。

したがって、デフレから脱却するためには、皆がお金を使うしか方法がありません。少なくとも、預貯金はやめにして、投資に資金を回すべきでしょう。

円高とデフレを修正して正常な経済に戻すためには、このように解決しなければならない問題点も多々ありますが、これを実施に移さなければ、日本経済は確実に沈没します。そうならないようにするためにも、まずは円高とデフレに歯止めをかける必要があります。

では、具体的には、どのくらいのインフレ率が理想でしょうか？それはおそらく名目成長率にして4%程度でしょう。名目成長率が4%を越えてくると、間違いなく国の税収が顕著に増加してくるでしょう。そうなれば、財政再建への道筋も整ってきます。

「経済成長なくして財政再建なし」という言葉は、まさにその通りなのです。

【中野】

経済社会って一人ひとりの行動で作られているものなんですね。

「4%！　さすが中野さん、大胆ですねぇ」

THEMA 7

インフレが来たら、どうすればいいの？

インフレは、いつか必ず来ます。デフレの行き着く先が、インフレです。

前述したように、デフレによって企業の売上が減っていけば、経済が縮みます。経済が縮むということは、日本経済の未来に対する希望がなくなっていくことを意味します。そんな国の通貨を、いつまでも持ちたいと思いますか？

1998年当時、1ドル＝147円という水準だった為替レートが、2012年末は1ドル＝80円台前半でした。つい10数年前は、1ドルを買うのに140円以上を出さなければならなかったのが、今は何と80円台で1ドルが買えてしまう。円も強くなったものです。

でも、それは「過大評価」というものでしょう。円がここまで過大評価されてきた理由はいろいろありますが、欧州が債務危機で厳

デフレが永遠に続くのであれば、円を持ちたいけどね。

しい状況に陥っている、米国もなかなか景気回復局面に入らない、というようにいろいろな問題を抱えているのに対し、日本は顕在化している問題点がないので、米ドルやユーロよりも、円のほうが持っていて安心というムードが、マーケットに蔓延しています。

だから、欧州で何か金融危機に近い状態が起こると、その途端にユーロが売られ、円が買われます。まさに円は、「リスク回避マネー」の集う場所になっているのです。

このように過大評価されてきた円ですが、もし、日本経済の未来に対して何の期待も持てないという状況になったら、誰が積極的に円を買うでしょうか？　誰も買いません。むしろ、手持ちの円を売ろうとさえするでしょう。もし、海外の機関投資家※、ヘッジファンド※などの投機筋※が一斉に円を売り始めたら、円は暴落します。それこそ、1ドル＝100円を突破して、どんどん円安が加速していくというケースも、十分に考えられます。

では、このようにして一気に円安が進んだら、今度はどのような影響が及んでくるでしょうか。

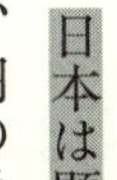

というか、問題はたくさんあるけれど、そもそも弱いと思われていた国の問題よりも、強いと思われていた国の問題が表面化した影響のほうが大きいのでは？

【機関投資家】
個人投資家に対する言葉。要は仕事として投資を行なっている人たちのことで、生命保険会社や投資信託会社などが、これに該当する。

【ヘッジファンド】
株式や債券などの伝統的な金融商品だけでなく、コモディこれまで1ドル＝80円で1万ドルの原油を海外から輸入していたとしましょう。1万ドルということは、円建てにして80万円です。それが、1ドル＝100円になったら、同じ1万ドル分の原油を輸入するのに、100万円が必要になります。つまり、海外から輸入するモノの円建て価格が上昇してしまうのです。

日本では、原油などの資源・エネルギーは言うに及ばず、食糧品の多くが海外からの輸入に頼っています。この先、円安が進めば進むほど、日本国内には「インフレバイアス」がかかってくるのです。

しかも、インフレはじわじわ来るものではなく、一気に来ます。デフレは時間をかけて、じっくり、ゆっくりと進んできましたが、それに比べてインフレは、一気にポーンと物価が跳ね上がるのです。夜寝て、朝起きたら、完全な別世界になっていたというケースも、確率として全くのゼロとは言えません。

実際、アフリカのジンバブエでは、21世紀初頭からハイパーインフレに悩まされることになり、一時期のインフレ率は2億%にもなりました。ここまでいくと、完全に経済は崩壊です。

ティ、先物取引、オプション取引などを組み合わせて投資するファンド。富裕層を中心に、特定少数の投資家から資金を集めて運用するのが一般的なスタイル。

【投機筋】
株式や為替などの短期売買によって収益を稼ぐ市場参加者のこと。一度にまとまった資金で売買を行なう傾向があるため、一時的にマーケットをかく乱するケースがある。

もちろん、日本経済は今もＧＤＰで世界第３位、対外純資産では世界第1位という世界経済のトップランナーですから、ここまで極端なインフレにはならないでしょう。とはいえ、いずれインフレが起こりますから、それに対する防衛策を考えておく必要があります。

インフレに備えるためにはどうすればよいのかというと、投資が一番です。株式投資した場合、「名目経済」に追随する形で株価が上がっていきます。なぜならば、インフレが進めば進むほど、名目上の売上がどんどん増えていくからです。たとえば1個１００円のものが３００円になったら、それだけで売上は3倍になります。

実際にどのくらいの利益が出るかというのはまた別の問題で、とりあえずインフレが進めば名目上の売上が増えて、それが株価に反映されます。結果、インフレが進む状況下においては、株式を持つことで、インフレリスクを最小限に抑えることができるのです。

決して健全な上昇ではありませんが、将来起こると思われるインフレに対応するのであれば、株式に投資する意味は十分にあると考えられます。

【中野】

２０１２年12月に発足した安倍政権もインフレターゲットの議論をしています。

つまり、インフレになるとお金の額面は名目上変わらないけれど、実質上、目減りしているということですね。

THEMA 8

円高って、いいこと？悪いこと？

日本人は「円高」という言葉に対して、ある種のアレルギーを覚えるようです。「円高不況」などという言葉があるくらいですから。

1ドル＝90円割れ、80円割れ、最高値更新といった具合に、円高が進めば進むほど、テレビや新聞などのマスメディアでは、もう日本経済は終わりだとでも言いたいかのように騒ぎ立てます。

どうして、そこまで円高を忌み嫌うのか。わからないわけではありません。円高が進むほど、ドル建てで受け取った輸出代金の円建て金額は、目減りします。つまり、輸出企業の業績が悪化するということです。日本は輸出大国であるという幻想をいまだに抱いている人たちにとっては、まさに由々しき事態でしょう。

日本における輸出企業は、自動車、家電など、まさに戦後日本の高度経済成長期を支えてきた、大手メーカーばかりです。円高が進むほど、彼らの「円高ノー！」という声は高まってきます。

しかも、大手輸出メーカーの裏側にはたくさんの子会社や下請け会社があります。こうしたところも親会社から発注を受けている以上、直接に輸出していなくても、やはり円高には「ノー」と言うでしょう。こうした声を合わせると、非常に大きな声になるはずです。

ただ、円高が悪いと言っているけれども、いくらになると円高、という絶対的な水準はありません。あくまでも相対的なものです。たとえば、1ドル＝110円のとき、1ドル＝90円は十分に円高水準ですが、1ドル＝76円を見た後の1ドル＝90円は、むしろ円安水準であると言えるでしょう。

また、円高は輸出企業にとってデメリットになりますが、輸入企業にとってはメリットになります。

たとえば、1ドル＝100円のときに、1個10ドルの品物を輸入するとしましょう。購入総額が10万円であれば、合計で100個購入できます。これが、1ドル＝90円になったらどうでしょうか。1個あたりの円建て価格は900円になりますから、10万円で購入できる数は111個になります。11個も余計に購入できるわけですから、輸入業者にとって円高は大きなメリットになります。

他のケースも考えてみましょう。

日本では東日本大震災以降、ほとんどの原子力発電がストップしており、発電については火力が中心になっています。が、火力発電を行なうためには、石油や天然ガスが必要で、これらのエネルギー源は、ほぼすべて海外からの輸入に頼っています。この状態で、もし円安がどんどん進んでいったら、電気を作るのに必要なコストが跳ね上がり、電気代にも影響を及ぼすでしょう。その意味では、むしろ円高はラッキーなのかもしれません。

また、現金資産を持っている場合、円高は明らかにメリットです。なぜなら、そのほうが世界中のモノを安く買うことができるからです。これは、現金を多く持っている企業にとっては、海外企業などを格安で買収できるチャンスです。

したがって、円高っていいこと？　悪いこと？　と聞かれたら、悪いことでもあるし、いいことでもあると答えるしかないというの

今、日本企業による海外企業のM&A（買収）は史上最高レベルの件数です。海外事業が安く手に入るのですから当然ですね。

が、正直なところです。

では、家計にとって円高はいいことなのか、それとも悪いことなのか。私自身は、日本の家計にとっても、円高はメリットだと認識しています。日本の個人金融資産は、大半が預貯金などの現金資産で保有されているからです。

しかし、昨今のように日銀がどんどん金融緩和をしてお金を余らせている以上、円の価値は間違いなく下がります。結果、外国為替市場では円安が進みますし、物価で考えればインフレになります。

ということは、もし現在の円高で現金をたっぷり持っている人にとっては、外貨や株式をたっぷりと買うことができるので、お金を育てる絶好のチャンスだと言えるでしょう。それ以外にも、たとえば円高だからこそ、ガソリン代や電気代がまだ安く済んでいるのかもしれませんし、海外旅行にも格安の航空運賃で出かけられます。

円高は決して、悪い面ばかりではないのです。「円高は悪」とでも言いたげなマスコミの論調には耳を貸さずに、しっかり自分にとってのメリットは何かということを理解してください。【渋澤】

円高を善とか悪とか決めつけるのは簡単ですけど、経済事象に「善悪」を持ち込むことはむしろ危険。

THEMA 9

低金利って、いいこと？悪いこと？

円高はいいことでもあるし、悪いことでもある、というのと同じように、低金利にもいいこと、悪いことが同居しています。

今の金利がどれだけ低いのか。おそらく今、20歳くらいの人たちにとっては、この低金利が常態化していて、金利が高い世界は想像もつかないと思います。

１９９０年、日銀はバブル退治と称して、金利を引き上げました。最終的には、「公定歩合」というすべての金利の基本になる金利が６％まで上がりました。その結果、どういうことが起こったのかというと、５年物の債券※で、金利が８％にもなったのです。

これが、どのくらいすごいことか。だって、１００万円でこの債券を買って、５年間持ち続けるだけで１４７万円にもなるのです。それも元本保証※です。そんな時代が、確かにありました。

【債券】
国債、社債などの借用証書の一種。政府や地方自治体、企業などが発行し、公共事業や設備投資などに使う資金を調達する。あらかじめ償還期限今は、もう誰もがわかっていると思いますが、超低金利時代です。「公定歩合」という言葉は、すでになくなり、現在は「基準割引率および基準貸付利率」という名称に変わっていますが、その水準は何と0・30%。バブル崩壊時が6%で、今が0・30%ですから、現在の金利はおよそ20分の1になったということです。

低金利というと、かつての高金利時代を知っている50代前後の人からは、「預貯金に預けても利息が増えないからつまらないよね」というような言葉が聞こえてきます。何やら低金利はよろしくないことのように感じられますが、それはお金を貸す側の論理です。

確かに、これだけ金利が低いと、お金を貸しても入ってくる利子は本当にごくわずかで、あまりお得ではありません。これは、お金を預金にして放置している人にも当てはまることで、低金利は預金者にも不利です。

逆に、お金を借りる側からすれば、今のような低金利は非常に有利です。何しろ、ほとんど利子を払うことなく、お金を借りることができるのですから。このまま超低金利が続くなら、ずっとお金を

が決められており、元本が戻ってくる。基本的に確定利付き。

【元本保証】
債券を満期保有の場合、額面金額が償還されること

借りていたいと考える人もいるでしょう。

ただ、これはあくまでも利子の受け渡しという範囲における話に過ぎません。金利の高低と「いいこと、悪いこと」の間には、他の見地もあります。

たとえば信用力の問題。お金を貸す側というのは、お金を借りる側が本当に借金を返済できるのかという点を、常にチェックしています。そして、貸し出す先の信用力が低いと思ったときには、融資の金利を引き上げてきます。信用力がとても高い企業に対する融資の利率が年2%だとしたら、それよりも信用力で劣る融資先には、年3・5%で融資するというように、差をつけてくるのです。これは、当然の話です。

逆に、信用力がないのにお金を借りたいという人たちは、何とかお金を融資してもらおうとして、「もっと金利を払いますから」といって、自ら高い金利を払おうとします。そういう状態でも、お金を借りたい事情があるからです。

金利の裏側には、このようにお金を貸す側、借りる側、双方による綱引きが、常に行なわれているのです。

したがって、金利の高低についても、決して低いからいい、悪いとは一概に言えません。いや、むしろ金利水準が異常に高かったら、経済活動そのものが停滞します。

仮に、お金を借りる際の金利が年15%、あるいは20%だったら、お金を借りようとしますか？ それを超える利益が期待できるなら、お金を借りようとするのでしょうが、その期待値が低かったら、やはり借りないでしょう。

しかし、そのような状態が続いていたら、経済活動は間違いなく低迷します。お金が元気に動かなければ、経済活動の活気もなくなるというのは、まさにその通りなのです。

貸す側と、借りる側が丁々発止のやり取りをして、そこに金融という行為が生じれば、経済はどんどん活性化されていきます。

だから、あまりにも高い金利は、運用することで大きな利息が入ってくるというメリットを考慮に入れたとしても、やはり手放しで歓迎できることではないのです。

【渋澤 】

人間の体温は高すぎても低すぎても体調不良になります。金利も同じで、ほどよい水準が保たれていることが経済的には健康なのです。

この「丁々発止のやり取り」というのが経済を成り立たせている基本です。

THEMA 10

借金はしないほうがいい？

日本で、「借金」という言葉は非常にネガティブな意味合いを含むようなのですが、米国ではむしろ、自分自身の信用を高めるため、進んで借金をするというケースがあります。

たとえば大学を卒業して社会に出たばかりのルーキーにとって、借金をしてきちんと返済することは、自分の信用を高めることになります。もちろん、借りたのに返せないという人は論外ですが、では一切借りないほうがいいのかというと、実はそうでもありません。お金を借りたうえで、それをきちんと返済すれば、経済力と責任感を持っていることを、第三者に対して証明できたことになるのです。

これを「ビルディング・エクイティ」といいます。エクイティというのは、よく「株式」の意味で用いられるので、ビルディング・エクイティは「株式を作る」という意味に捉えてしまいがちですが、

返済できたということは、車や家などが自分のモノになったということですから。

そうではなく、ここでのエクイティというのは、個々人の「信用力」から生じるオーナーシップのことを意味します。

たとえば、銀行からお金を借りて、家を買い、そのローンをきちんと返済していったとしましょう。その後、収入が増えて、もう少しいいところに引っ越しできるようになったので、今住んでいるところを売却し、新しい家に住み換えました。このように、前の自宅をメンテナンスして売却し、次の家に住み替えることができたということ自体が、その人の信用力につながるのです。さらに、購入時よりも高く売却できれば、なおのこと信頼感は高まります。

では、日本の場合、お金に関する信頼というのは、どういう観点から築かれるでしょうか？　そう、「無借金経営」ということが尊ばれるのと同じで、誰からも借金しないというのが、その人のお金に対する信頼を高める要素になります。

しかし、それはお金に関する信頼度が3つのレベルに分けられるとしたら、あくまでも真ん中のレベルに過ぎません。一番駄目なのが、先ほども触れたように、借りたものを返せない人。その次が無借金経営で、最も信頼度の高いのは、借りたうえできちんと返済できる人ということになります。

では、日本の銀行からとりあえずお金を借りるかというと、ここにもひとつ大きな問題があります。たとえば、お金を借りる側である企業は、銀行のことをあまり信用していません。だから、できるだけお金を借りないようにしているという側面も強いと思います。

それは、特にここ20年前後の、日本の銀行の貸出に関する態度によるところが大きいでしょう。80年代後半、日本経済がバブルの真っ最中だったとき、金利水準は今に比べれば高かったものの、当時は超低金利と言われるくらいに下がっており、いわゆる「カネ余り」現象が生じていました。日本の銀行は、借りる側が「別に借りなくてもいいよ」という状態であったにもかかわらず、とにかく「借りてください」とお願いして、どんどん融資を行ないました。

ところが、バブルが崩壊して景気が一気に冷え込むと、今度は「貸しはがし」といって、貸したお金をどんどん回収するようになったのです。結果、多くの企業が資金繰りに窮するようになり、

晴れているときに傘を貸し、雨が降ったら取り上げると揶揄されてますからねぇ。

倒産していきました。これでは、銀行が企業などから信頼されないのも当然でしょう。借金しても、どこかで銀行が梯子をはずしてくる恐れが高いとなったら、できるだけ借金はせずに経営したほうが無難だと思うのも、無理はありません。

かつては「メインバンク制」といって、どの企業にもメインでお金を融資してくれる銀行があり、資金繰りなどが厳しくなると、そのメインバンクが融資してくれたり、経営指南をしてくれたりしました。それが、この20年間ですっかり様変わりしてしまいました。

とにかく、いろいろな意味で銀行の信頼度が地に落ちているのは確かです。それは企業だけでなく、個人レベルでも同じでしょう。何しろ銀行といえば、かつては絶対に倒産しない民間企業というのが共通認識でしたが、いまやその信用も薄れてしまいました。

それでも、銀行預金に800兆円ものお金が集まっていること自体、不思議なことではありますが、日本人によく見られる「無借金経営がベスト」という考え方は、まさに銀行は信用できないということの裏返しなのだと思います。

【渋澤】

借りたお金を次の成長のために使うならよい借金だし、無駄遣いしてしまうなら悪い借金ですよね。

THEMA 11

保険は加入しておいたほうがいい?

もちろん、保険はある程度かけておいたほうがいいと思います。ただ、自分の友人や、かつての自分自身を考えてみると、日本人は保険をかけすぎているのではないでしょうか。セールストークに乗せられて、気づいてみるといろいろな特約に加入させられ、保険料が高額になってしまっているというケースは、結構多いようです。

なので、もし保険に加入するのであれば、自分が何に対してかけている保険なのかということをしっかり把握し、必要ないものについてはカットするくらいがよいでしょう。

たとえば、まだ20代の人が高額の生命保険に加入する必要があるでしょうか。これは、全くもって必要ありません。新入社員として会社に入ると、保険会社のセールスが訪ねて来て、「もう一人前の大人なんだから、生命保険くらい入っておかないとね」などと言われて、加入させられてしまう。そんなシーンをよく見かけます。

でも、よく考えてみてください。学生結婚をしているのであればともかく、まだ20代で、とても健康で、養う家族もいないという人が、一体誰に保険金を残すのでしょうか。おそらく、この年齢で生命保険に加入している人の多くは、保険金受取人を両親にしているのが普通でしょう。

もし、あなたが亡くなったとき、両親は別段、保険金を欲しいなどとは考えないはずです。ということは、結婚前の若いうちは、生命保険に加入する必要性は限られていると思います。もっとも、家族ができると、そう言っていられなくなります。自分の身に何かが起こり、不幸にして亡くなったり、あるいは長期入院の必要が生じたりして収入が途絶える事態に陥った場合、それをカバーできるのは保険です。

なかでも保険で一番問題なのは、貯蓄性のある保険商品です。これは私自身もかつて加入していたことがありますが、正直、保険料は割高です。でも、何の疑問も抱かずに加入してしまいます。なぜなら、保険なのにかけ捨てでなく、保険期間が満了すると保険金が戻ってくるからです。何となくお得感があります。

ただし、それはあくまでも金利水準が高かった頃の話です。今のように超低金利が長期化していると、予定利率が低いため、運用商品としてのメリットが薄れます。

また、投資と保険をごちゃまぜにしてしまうと、保険を得るのにどのくらいのコストをかけているのかといったことが不明瞭になってしまうので、やはり運用と保障は分けたほうがいいと思います。

つまり、運用するのであれば、それは投資信託や株式などで行なって、コストをはっきりさせるべきです。実は、保険とは保険料のうちどれくらいが販売手数料であるのかがわかりにくい金融商品であり、あくまでも保障を得るためだけに用いるべきなのです。

これは、ネット生保などで保険に加入すると、よくわかります。

最近は徐々にネット生保が増えており、実際に利用してみるとわかりますが、とにかく保険料が安い。もちろんかけ捨てが多いということもあるのですが、ネット生保が提供している保険商品は販売

保険の効率的なかけ方についてはFP（ファイナンシャル・プランナー）に相談するのもおすすめです。最近はFPのレベルも上がってきましたから、選択肢のひとつとして考えてよいでしょう。

手数料の分が安く、無駄な特約が付加されていないことも、保険料の割安感につながっています。

もし、ネット生保を利用して毎月支払う保険料が半減するのであれば、残りの半分で毎月、投資信託を買えばいいのです。そうすれば、運用にかかっているコストが自分でも簡単にわかりますし、何よりもシンプルです。

「生命保険はコストの固まり」などと言われますが、これは、仕組みをわざと複雑にして、どこにどれだけのコストがかかっているのかということを、わかりにくくしているからです。

また、80年代のバブルの頃に貯蓄型生命保険に加入した人は、自分がとても有利な保険を買ったのだということを覚えておいたほうがよいでしょう。

自分にとって有利ということは、生命保険会社にとっては不利だということです。そのため、自分自身が45歳、あるいは50歳になって、生命保険料が上がるタイミングを狙って、保険会社のセールスが、「こっちに乗り換えたほうが有利ですよ」などといったセールスを行なってきます。この手の話に気をつけてください。

結局、生命保険会社は、契約者にとって非常に有利な条件を見直させるために、生命保険の乗換提案をしてくるのです。

また、これから加入する人は、運用と保障は別物と考えて、ネット生保と投資信託の組み合わせプランなどを、自分自身で組み立ててみてください。

【渋澤】

保険はあくまで万が一への備え。「お得」に乗せられず、自分の目的に沿ったシンプルなものを選びたいですね。

METHOD FOR GROWING MONEY

「貯蓄＝銀行預金」という時代は、もう終わり。「お金を育てる」意識を身につけて、ムリせず貯めて殖やしましょう。

STEP 2

貯めながら殖やそう！貯蓄と投資の基礎知識

THEMA 1

貯蓄って、どのくらい持っていればいいの？

世の中には、40歳くらいになっても貯蓄がゼロという人もいます。結構、そんな人が多いのかもしれません。

では、実際に貯蓄ってどのくらいあればいいのでしょうか？

これは、自分自身がどのような生活をしたいのかによっても異なりますので、一概には言えません。それこそ毎日のように一流レストランで食事をし、高級外車を乗り回し、年に何回もハワイに旅行……というような生活をするつもりなら、それこそ億単位の貯蓄があっても足りないでしょう。

逆に、古いながらも持ち家に住み、食事もすべて自炊という生活をするならば、そんなにコストはかかりませんから、貯蓄もそれほど多くなくて済むと言えます。

特に、リタイヤしてからの生活を考えるとき、どのくらいの貯蓄

藤野さんはたくさん食べそうだから、たくさんの貯蓄が必要かな？（笑）

があればよいのかというのは、非常に関心の高いテーマでしょう。

平均的な数字で言うと、２５００万円から３０００万円くらいの貯蓄があれば、老後は安泰と考えられています。もちろん前述したように、どういうライフスタイルにしたいのかによっても異なりますので、一概には言えませんが、年金を受け取りつつ、貯蓄の一部を取り崩しながら生活していくのであれば、大体２５００万円くらいと言われています。

したがって、定年を迎える60歳までに、２５００万円を貯められるかどうかというのが、貯蓄の目標値になってきます。

ちなみに、ここで言う貯蓄は、「金融資産の価値」と考えてください。貯蓄といっても預貯金だけで２５００万円というのではなく、株式や投資信託などの投資商品も含めて、保有金融資産の時価総額が２５００万円というイメージです。

果たして、私たちは60歳までに２５００万円の金融資産を作ることができるでしょうか？

あくまでも目安で、たくさん使う人はもっと必要だし、質素な人はこれ以下かもしれません。住んでいるのが都市か地方かでも違いますね。

これからインフレのリスクを考えると、額面が減らなくても価値が減るからもっと心配かも？

大企業で、しかるべきポジションに就いていて、定年を迎えた人であれば、あるいは公務員であれば、退職金として2500万円くらい受け取れるかもしれません。もし、その前提が崩れないのであれば、定年まで貯蓄が全くなかったとしても、退職金で十分カバーできることになります。

ただ、昨今の状況を見ると、定年後の生活費に充当する公的年金の受給額が、今後は目減りしていく恐れがありますから、その意味では、2500万円の貯蓄額では不足するかもしれません。その意味では、現役時代から幾ばくかの貯蓄をしておく必要はあります。

あるいは、大企業ではなく中小企業に勤めている人の場合は、退職金で2500万円も受け取れないでしょう。また大企業でも、定年前にリストラされてしまったら、年金を受給するまでの時間を食いつないでいく資金が必要になりますから、やはり現役時代のうちにきちんと貯蓄していかなければなりません。

しかし貯蓄しようにも、昨今の金利水準では、利子でお金を殖やすことはできません。預貯金だけでは老後の必要資金を貯めることはできないので、やはり投資を考える必要があるでしょう。

老後資金は長期的な資金計画ですが、個人の場合、目先でどのくらいの預金を持っていれば安心かという問題もあります。

これについては最低、給料の3カ月分を持っておくようにすれば十分だと思います。もちろん、給料の3カ月分を貯めるということ自体、結構大変なことではあります。

それを実現するためには、給料の6分の1はとりあえず貯める用の資金にしておくことです。そうすれば、1年半で3カ月分のお金を貯めることができます。

ただし、ここで言う「貯める」は、預貯金だけのことを指すのではありません。投資で「貯めながら殖やす」というイメージで臨みましょう。そこは意識改革が必要です。

【藤野 】

THEMA 2

どうすればお金は貯まるの？

お金の関係は、次の3つで説明できます。

すなわち、①稼ぐこと、②使うこと、③投資すること、というのが基本です。そして、それぞれを伸ばしていくことが大切です。

ここには、ちょっと面白い傾向があって、たとえば稼ぐことが得意な人は、使うことも得意。結果的に、お金は全く貯まりません。

逆に、稼ぐのが下手な人だと、ご存じのように節約が得意です。つまり使わない。お金をコツコツと貯めていきます。

そして一般的に言うと、日本人はおしなべて投資が下手、というのが現実的な姿でしょう。

自分とお金の関係を考える場合、稼ぐことと使うこと、投資することの3つをうまくバランスさせることが大事です。

稼ぐ、使う、投資する。優先順位を考えると、使うにしても投資するにしても、まずはお金を作り出さなければなりませんから、何はともあれ稼がなければなりません。

お金を育てるという観点からすれば、キャッシュフローを得ることが必要ですから、まずは稼げるようになりましょう。

女性の場合、専業主婦になるという人生の選択肢もありますし、それに憧れている人もいるようですが、もし旦那さんが急に亡くなったり、離婚したりしたとき、全く身動きが取れない状況に追い込まれてしまう恐れがあります。ですから、女性も稼げるようになるのが一番安心なのです。

別に、フルタイムで男性と同等に稼げるようになれと言っているわけではありません。細々でもいいのです。収入があれば、人生の選択肢が大きく変わってきます。収入があれば経済的に自立できますし、それによってパートナーとの力関係も変わってきます。

まずは稼ぐ力を身につけるという前提で、そのための自己投資をすることが大切です。それがお金を貯める第一歩になります。【藤野】

婚活→専業主婦の路線は強烈なリスク集中ですね。

THEMA 3

貯蓄と投資の違いって何?

貯蓄と投資は根本的に異なるものです。

貯蓄というのは、ただお金を貯めておくだけのことです。

では、貯めたお金をどう使うのか。貯蓄という行為を通じて貯めたお金の使い道は、大きく2つに分かれます。「消費」と「投資」です。

その意味において、貯蓄は投資の原資になりますから、それをすることに全く意味がないなどと言うつもりはありませんが、貯蓄をしているだけでは、お金を壺の中に入れているのと同じです。つまり、それ自体は何の価値も生み出しません。

これに対して投資というのは、未来への価値を生み出します。この、価値を生み出すか、生み出さないかという点は、非常に大きな違いです。貯蓄しかしていないという人は、価値を生み出さない状態で、お金を抱え込んでいるだけに過ぎないのです。

投資は、「他己投資」と「自己投資」に分かれます。

他己投資は投資の中核を成すもので、「投資」という行為を通じて直接、世の中を変える力を持っています。要は、**社会に対してダイレクトに資金を投じていくのが他己投資です**。

他己投資は3つのセクターに分かれています。最も大きなのが「教育投資」で、後輩や子供など次世代を担う人たちに対して、自分がこれまで学んできたものを伝えていく、あるいはそれに必要なお金を投じていくというものです。

よく考えてみれば、私たちは皆、誰かの教育投資によって支えられています。だから、自分も次世代のために教育投資をするのは、義務と言っても過言ではありません。

2つめは「組織への投資」。たとえば株式投資であれば、企業を支えていくためのお金ですし、国債であれば国の財政を支える資金の一部になります。

本来、投資はIN「VEST」(授ける)という意味なんですよね。

企業を支えるということは、そこに属して働き、新たな価値を生み出して、自分の生活の糧にしている従業員を支え、応援することにもつながります。だから、株式投資の本質的な意味は、確かに利殖の大きな手段ではありますが、やはり組織を応援するところにあるのです。

3つめは「税金など」で、これは自分への直接的なリターンとしては何も戻って来ませんが、実は社会全体の役に立つことを通じて、間接的にリターンを享受しています。税金の他、寄付やNPO法人への出資なども、ここに該当します。あるいはボランティアへの参加もよいでしょう。

今の日本にとって一番の問題は、これら3つの他己投資が、それぞれに細ってしまっていることです。次世代に対する投資が少なくなれば、未来は開けてきません。これが、日本の国力が徐々にやせ細ってきている原因だと思います。

他己投資の対となるのは自己投資です。自己投資というのは、自

「自分さえよければ」の蔓延は、間違いなく国や社会を衰退させますね。

分を通じて社会全体をよくしていくことを指しています。
そのためには、何よりも自分自身の付加価値を上げなければなりません。社会の構成員である個々人が、自分のスキルなどを向上させるなど付加価値を高めていけば、自然と社会全体の質も向上します。その意味において自己投資は、多分に間接的な投資ということになります（詳しくはＳＴＥＰ４でお話ししています）。

その意味でも、人は常に他己投資と自己投資を繰り返して生きているわけで、すべての人が投資家であるとも言えます。
投資をするというのは、私たちが、自分自身の価値を上げるため、そこにお金を投じる行為です。そのためには、働くことで得られたお金を、自分の目的、人生哲学に沿ったところに投じなければならない。ひたすらお金を現金のまま貯め込んでおく貯蓄とは、全く異なる概念なのです。

【藤野】

THEMA 4

子供の頃から「ちゃんと預金しなさい！」って言われたけど……

もちろん、最低限の預金はしたほうがいいと思います。いざ現金が必要になったとき、すべてが換金できない資産になっていたら、金融の言葉を使うと「資金ショート」してしまいます。

ただ、多くの日本人は、「ちゃんと預金しなさい」という言葉の意味を、「投資をするな」という言葉に置き換えて解釈している傾向が見られます。もし、そういう意味であれば、預金よりも投資に重点を置いて、物事を考えていったほうがよいでしょう。

それはなぜか。おそらく多くの人がもうお気づきのことと思いますが、世界的に競争が激しくなってきたからです。グローバル化がここまで進む以前、私たちは日本国内の企業同士で競争をしていればよかったのですが、今は全く事情が異なります。世界の人たちとつながって、世界の人と戦わなければならない時代になっています。

そういう観点から見ると、今は自分よりもよく働いている人がいると、その人のところにお金が流れていく仕組みになっています。

この構造をきちんと理解しておかないと、自分でも知らないうちに、いつの間にか貧しい社会になっていた、ということになりかねません。それが、グローバル化を図るということの真実です。

人間は欲望の生き物ですから、大半の人は今よりも快適に、便利に生活したいという気持ちを持っています。たとえば、服を身につけずに生活していた人たちは、服を着たいと思うようになりますし、スラムのようなところで生活している人たちは、冷暖房完備のマンションに住みたいと願うようになります。そして、今よりも一段高い生活をするために、一所懸命に努力をします。

その結果として、少しずつよい生活を手に入れていくわけですが、グローバルな競争社会が築かれていますから、誰かが一所懸命に努力をし、より多くのお金を稼ぐための仕事を手にすると、他の多少努力が足りなかった人から、仕事を奪うという構図になります。

そのことを誰も批判することはできません。「やめろ」と言うこともできないでしょう。結果、最近の家電メーカー同士のグローバル競争に見られるように、かつて日本のお家芸とされてきたテレビ、半導体のビジネスを、韓国企業に奪われることになるのです。それは、日本企業の努力が足りなかったということであり、誰も韓国企業を批判することはできません。

これが、今の世界経済を動かしている厳然としたルールです。ですから、頑張っていない人は知らず知らずのうちにどんどん貧しくなっていきますし、そうなりたくなければ、より一層、頑張る必要があります。

ただ、それほど極端に貧しくなっている感じはしていないでしょう。これは、経済の水準がマイナスになっているのではなく、相対的に後退しているからです。

絶対的な水準で見れば、日本の経済力はまだ、世界に冠たる経済大国です。GDPの規模も世界第3位ですし、対外純資産は世界一です。ですが、世界の国々との比較で言えば、徐々に日本経済のプレゼンスは低下してきています。

頑張るというと「長時間労働をすること」と思う人がいますが、そうではなくて、今までと違う、新しい方法を考えるなど知恵を出すことが必要です。

自分たちが何もしないと、他が先に行ってしまうということだね。

日本人は高度経済成長の時代、滅茶苦茶働いていました。エコノミックアニマルとまで言われた時代もあります。でも、今はそこまで日本人が必死になって働いているという感じはありません。実際、祝日の数で言えば、日本は世界で最も多い国のひとつでしょう。

　確かに、それによって人間らしい生活を送れるようになったとも言えるのかもしれませんが、そうなると、死ぬ気になって働いている人との競争には勝てませんし、相対的に経済の地位が低下していくのは、仕方のないことです。もし、この傾向がこれからも変わらないというのであれば、私たち日本人は何か別の知恵を働かせる必要があります。その知恵として、投資があります。つまり、頑張っている人に対して資金を提供し、それを使って働いてもらうことによって、自分たちもその分け前にあずかるのです。

　それが、もし預金という壺の中にお金を入れているだけだと、お金自体が全く回らなくなり、結果的に、私たちの生活水準も相対的に低下していくばかりになります。自分たちの働き度が低下しているのだから、今度はお金に働いてもらうのです。

【藤野 】

「預金＝正義」は前世代の価値観。これからは頑張る人を支える投資が正義となるでしょう。

グローバル時代には投資が不可欠ということだね。

THEMA 5

本当に投資はしたほうがいいの？

よく「投資は不潔だ」とか「お金でお金を稼ぐ技術だ」などという人がいます。はっきり申し上げますが、こういう人は、実は人の営みというものを軽視していると言ってよいでしょう。

ある企業の株式に１００万円を投じたとします。その企業が新しい技術の開発に成功した結果、株式が買われて１１０万円になりました。それを売却することで、10万円の値上がり益が得られました。確かに、お金を投じることでお金を稼ぐことができたわけですが、ここで株式投資の意味合いを完結させてもよいのでしょうか。

たとえば、ここに10億円の資金があるとしましょう。これを使ってパン工場を作りたいと考えています。確かに、お金を出せば工場を建てることはできます。でも、お金を出すだけで、その工場を稼働させることはできるでしょうか？　できませんよね。なぜなら、

そうそう、その通り！

パンを作るノウハウ、品質管理をするノウハウ、人事管理、組織運営など、さまざまな要素が積み上がらないと、パン工場でパンを作ることができないからです。そこには、パンを作る職人、機械を運用する技術者、原材料を調達する人々、出来上がったパンをお店に運ぶ人々、そして、それらの人々を管理する工場長といったように、さまざまな人間の力が介在しており、それらの力が組み合わさったうえで、初めてパンが出来上がるのです。

そこには、たくさんのノウハウや知恵、情熱、時間などが費やされており、多数の人々と共に、すべてが投資とつながっています。こうした知恵や情熱などとつながっていない投資はない、ということにもなります。

「それじゃあ、不動産投資はどうなんだ？　単に土地を買っているだけじゃないか」という人もいるでしょう。実際には、不動産投資も単純に土地・建物に投資しているように見えて、実際にはその物件を建てた人、その建物を管理する人、実際にそこに住んでいる人など、大勢の人々に支えられています。その建物がマンションであれば、家賃を払っている人たちは働いた結果として、家賃が支払われ、それが不動産投資の成果物になります。

労働をはじめとして、人々が行動するためには、程度の差こそあれども、必ず何がしかの情熱が存在します。つまり投資というのは、その情熱に対して資金を投じていくという行為なのです。

ぱっとお金を投じて、幾ばくかの利益を得た後はさっと引く。そんな単純に割り切れるようなものではないはずです。だから、投資には情熱が必要であり、その情熱を投入した結果、未来からお返しをもらうことになるのです。

そのお返しとは何か。たとえば工場であれば、そこで何がしかのプロダクトが作られる。それを世の中に提供することで、ノウハウや経験が生まれる。提供されたプロダクトを受け取った消費者からは感謝も生まれる。それが本当の意味の投資なのです。

また、何も株式に資金を投じることだけが投資ではありません。たとえば、お父さんやお母さんは、子供が生まれたときから、子供に対してたくさんの投資をしています。食事を与えてくれて、服を着せてくれて、トイレの世話もしてくれる。
もっと言うと、子供がいるだけで「ありがたい」と思っている企業が、この世の中にはたくさんあります。たとえばベビーカーを作っている会社、ベビーフードを作っている会社、子供服の会社というように、赤ちゃんがいるというだけで、それを仕事にして生活している人たちが、確実に存在します。生まれたばかりの赤ちゃんは、実際には何もしていないのだけれども、何もしていないから無力というわけでは決してありません。赤ちゃんは生まれた瞬間から誰かに支えられているのですが、同時に社会貢献もしているのです。そういう意味では、私たちは生まれながらにして投資の最中《さなか》にいるとも言えるでしょう。

投資はしたほうがいいのかと問われれば、その答えは「イエス」です。というよりも、自分自身が生きていくという行為そのものが、投資と言っても過言ではありません。したがって、「投資」というものをないがしろにしたり、さげすんだりするのは、自己否定にも等しい行為なのです。

【藤野】

私たちは皆、経済活動の恩恵を受けて生きています。投資という行動は、お金を通じて経済とつながることです。

THEMA 6

投資って、「危ない」「怖い」イメージがあるんだけど？

投資というと、真っ先に「危ない」「怖い」というイメージを思い浮かべる人が多いようです。おそらく、上がるか下がるかの二者択一だけで、投資を考えているからだと思います。

投入した資金が、投資先の値上がりによって儲かるのか、それとも値下がりによって損をするのか、というように、白黒の問題で考えてしまうから、「損をしたら怖い」、「損をする恐れがあるから危ない」などと考えてしまい、ますます身動きが取れなくなってしまうのだと思います。

でも、繰り返しますが、本当の投資というのは、付加価値を生むためにお金を投じる行為です。そして、その付加価値の積み上がったものが、経済成長になります。「経済成長」という、将来への大きな流れを理解すれば、投資の損得に囚われることなく、お金は必

世の中にはひとつの正しい答えしかないと思っている弊害だね。

ず育つということがわかります。相場は関係ありません。自分がお金を投じた経済が、きちんと未来に向かって拡大、成長、発展していくことがわかっていれば、投資に対する恐怖も薄らぐはずです。

経済は成長するのかどうかということですが、これについてはほぼ疑問を抱くことなく、「成長する」と言い切っていいでしょう。

もちろん、目先でマーケットが上がったり、下がったりすることはありますが、それは、あくまでも短期的なトレードを繰り返しているトレーダー連中の力関係によるものであり、目先的に株価が下落したとしても、世界経済が成長を続けるというシナリオにブレが生じることもありません。

では、どうして世界経済が成長を続けるのでしょうか？　それは、世界の人口がこれからも増えていくからです。国連の「世界人口白書」によると、２０１１年10月31日に世界人口が70億人に達したことになっていますが、さらに人口は増加ペースを早め、２０５０年には90億人、21世紀末には１００億人に達すると見られています。

人口が増えるほど食べるものや着るものが必要になるでしょうし、

少し贅沢を覚えた人たちは、さらに上の贅沢をしたいと望むでしょう。人間の数が増えるだけでなく、それぞれの人々が生活の質の向上を求めるようになるのです。これが、経済成長の源泉になります。

したがって、まだまだこれからも、地球上の人口が増え続ける限りにおいて、世界経済の成長は続くと考えられます。

では、日本はどうでしょうか。日本経済はこれから人口減少、超高齢社会の到来によって、経済の活力は大幅に落ち込むなどと言われています。であれば、日本企業の株式に投資するのはとんでもない話、ということになるのですが、実は決してそうではありません。

日本企業といっても、今や世界を相手に商売をしている企業がたくさんあります。したがって、世界経済の成長にキャッチアップできる企業の株式に投資すれば、日本の人口が減少しても、あるいは超高齢社会が到来しても、あまり気にする必要はありません。日本国内のマーケットが縮小しても、これからどんどん伸びていく海外のマーケットにコミットしているような日本企業は、世界経済の成長を取り込みながら、新たな付加価値を生み出していくはずです。

株価の目先の値動きを追って、売ったり買ったりを繰り返して収益を狙うような投資方法だと、単なるギャンブルになります。企業が一所懸命に経営努力をして、新たな付加価値を生み出す前に、株式を売買するわけですから、「一方の利益は一方の損」という「ゼロサム」に近い状態になります。

でも、私たちが考えている投資というのは、こうした目先の値動きで売買益をかすめ取るような投資ではありません。投資というと、マネーメイクの話ばかりがクローズアップされますが、そうではなく、経済活動に参加するのが、投資の本質なのです。

しかも、お金を払いさえすれば、誰にでも参加できます。それも、決して高い金額ではなく、後で説明する投資信託を用いれば1000円くらいの少額資金からでも、経済活動に参加できます。

そして、その経済活動は、子供の代、孫の代へと、日本経済や世界経済を少しでもよくするために行なわれるものです。そう考えれば、投資は決して危ないものではないし、怖いものでもないということが、おわかりいただけるのではないでしょうか。

【中野 】

その通り！ 投資とは、世界の成長を日本の家計に取り込むこと。

「ゼロサム」思考の人はとても多いです。でも、経済は根本的には「プラスサム」なんですよ。

THEMA 7

投資は、やっぱり株が儲かるの？

投資する対象はさまざまで、株式以外に債券、不動産、外貨、コモディティなど、多岐にわたっています。

どれに投資しようとも、それは投資家個々人の自由ですし、自分が得意なもので資産を増やしていけばよいのですが、私はかねてから、株式は投資の王道だと考えています。なぜなら、付加価値を生む投資対象だからです。

私自身、セゾン投信という運用会社を経営していますから、一運用者の立場なのですが、自分が運用する側に立った場合、何に投資したいかと問われれば、やはり継続的に付加価値を生み続けてくれるものと答えるでしょう。逆に、付加価値を生まないものには投資しない、ということになります。

たとえばコモディティ。つまり「商品」のことですが、金などの貴金属や原油などのエネルギー、あるいは大豆やトウモロコシなどの食糧品に資金を投じて、リターンを得る場合、果たして付加価値に投資していると言えるでしょうか？

残念ながら、言えないのですね。コモディティのリターンが何かと言えば、売り手と買い手の需給関係に尽きます。売り手が多ければ価格が下がり、買い手が多ければ価格が上がる。この価格の上下動を捉えてリターンを得るのがコモディティ投資です。

つまり、金という物質そのものが付加価値を生んでいるのではなく、それを売買する人たちが勝手に、価値を吊り上げたり、引き下げたりしているだけに過ぎないのです。

「株式だって、株価は需給関係で決まるじゃない」という意見もあるでしょう。デイトレーダーのように、今日、明日の株価の値動きで勝負している人たちにとっては、企業の付加価値云々で株式投資をするよりも、コモディティ投資と同じように、目先の株価の値動きで売買の判断を下しているのが実情だと思います。

コモディティ投資には、「キャリー」という荷を運ぶコストもかかりますね。

でも、株式投資の場合、こうした短期のトレーダーもいますが、一方で長期投資を前提にした投資家も参入しています。そして長期投資家は、短期のトレーダーとはまた別の投資尺度で、企業を見ています。

それは、「その会社が付加価値を生み続けてくれるかどうか」という視点です。

株価は、確かに目先で見ればコモディティと同様、需給バランスに大きく左右されます。しかし、長期的に見た場合は、需給バランス以外の要因も、大きく影響してきます。企業が事業を通じて生み出す付加価値こそが、まさにそれなのです。

「株式は投資の王道」と言ったのは、世の中の役に立つ価値を生み出す源泉に資金を投じるという行為だからです。

企業は、世の中の大勢の人たちが求めているものを提供することによって、ビジネスを展開しています。要するに「ありがとう」と言われるものを生み出していく。そのために、企業は知恵と汗と英

主な投資商品

投資商品の種類		取扱会社	最低投資額
有価証券	株式	証券会社	銘柄による
	債券	証券会社	個人向け国債なら1万円から。社債の場合、100万円程度
	投資信託	証券会社、銀行保険会社等	1万円から。最近はネット証券の積立で、500円からも可能
不動産	ワンルームマンション	不動産会社、マンション会社	物件次第。2,000万円程度から
	土地購入	不動産会社等	物件次第
通貨	外国為替証拠金取引	FX専門会社、証券会社、商品取引会社等	証拠金の額は1万円程度から
デリバティブ	先物取引	証券会社、商品取引会社等	日経225先物取引に必要な証拠金額は、39万円程度
	オプション取引	証券会社	日経225オプション取引に必要な証拠金額は39万円程度
コモディティ	金	商品取引会社、地金商、銀行、証券会社等	金地金は1グラム当たり5,000円程度。積立なら1,000円から

知を絞る。その努力の結晶が、事業の本質です。

「楽しかったね」、「うれしいね」、「便利だね」。だから、「ありがとう」。このように、人々の気持ちをワクワクさせるために、企業はビジネスアイデアを考えて、実行していきます。そして、ワクワクやありがとうといった満足感が、企業の売上に反映されていきます。売上がたくさん立てば立つほど、企業には利益が残ります。

この利益の蓄積が株式価値であり、その企業が生み出した付加価値を示しています。

株式に投資するお金は、企業が「ありがとう」を生み出すために、一所懸命頑張っている事業を支えるための資金になります。その資金を融通するというのが、長期投資のモチベーションになります。だからこそ株価は、長期的に需給バランスと全く関係のないところで決まると言えるのです。

企業が生み出した付加価値は、社会全体の付加価値を高めることにもつながっていきます。そこに資金を投じるのですから、やはり株式は投資の王道なのです。

企業の非財務的な価値も大切ということですね。

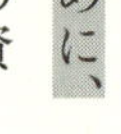
「ありがとう」を集めることは単なるキレイゴトではなく、儲けを上げること。

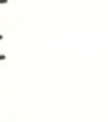

「ありがとう」が最高のリターンだよね。

ちなみに、付加価値を生み出す投資対象としては、王道である株式以外に債券があります。債券も、事業の成長に必要な資金を調達するために発行されますし、その付加価値を「利子」という形で、債券の購入者に支払っていきます。

不動産も付加価値を生み出します。単なる土地の売買では、とても付加価値を生み出しているとは言えませんが、土地の上にビルを建てれば、そこから定期的に賃貸収入が得られ、付加価値を生み出します。

【中野 】

METHOD FOR GROWING MONEY

投資といっても、何から始めればいいの？
今日から行動できる、未来のお金を育てる
具体策を教えます。

STEP 3

10年後に
後悔しない！
お金を育てる具体策

THEMA 1

投資を始めるとしたら、何からスタートすればいいですか？

一番わかりやすい投資商品は何かと言ったら、投資信託でしょう。

もちろん、最初にウォーミングアップの気持ちで、自分が応援してみたい会社の株式に投資するというのは、それはそれでありだと思います。自分が、世の中にとってこれは必要だと思うモノやサービスを提供していて、応援したいと思える企業の株式に投資する。自分の思いをお金に託すというのは、確かに株式に投資する際の判断基準になるかもしれません。

ただ、投資理論の観点から言えば、その方法だとかなりリスクを取った投資になる恐れがあります。

そもそも、自分が応援したい企業に投資するという発想は、証券投資理論からかけ離れています。いくらよい企業で、それを応援したいという気持ちがあったとしても、マーケットがどんどん過熱しているときに投資すれば、割高な株価をつかむことになります。
本来の価値に対して割高な水準で形成された株価は、いつか必ず下落します。そのことを頭で理解してはいたとしても、腹に落として理解できているという人は、少なくとも一般の個人投資家の中には、ほとんどいないでしょう。

だから、複数の企業の株式を、ひとつのパッケージにした投資信託がいいのです。

もちろん、投資信託も万能などと言うつもりはありません。欠点もあります。投資信託はあくまでもパッケージ商品なので、そこには自分が応援したくない会社が入っている可能性もあります。聞いたことがない、知らないような会社もたくさん入っています。その点で、ちょっとアレルギー反応を感じてしまう人もいると思いますが、そのときは運用者であるファンドマネジャーの投資哲学をしっかりと理解したうえで、それに自分自身が共感できるかどうかという観点から、投資信託を選ぶようにしましょう。

ということは、たくさん入っているということだけではメリットにはならないのですね。

この世に、投資対象はたくさんあります。ざっと並べただけでも、株式、債券、外貨、コモディティ、不動産などなど。こうした中で、初心者がまず手始めに何かを選ぶのだとすると、やはり投資信託が最適だと思います。

皆さんの中には、「投資信託」が何かということを、今ひとつはっきりわからないという人もいるでしょう。投資信託は、私たち一般生活者が長期的にお金を育てていく器として最もふさわしいものと言えます。

たとえば、セゾン投信のファンド（投資信託）で定期積立なら5000円から購入できますが、この5000円の中には、世界中のさまざまな株式、債券が、それこそ何百銘柄も入っているのです。

もちろん、5000円でそれだけの銘柄を実際に買うのは困難ですが、投資信託は他の大勢の投資家も一緒になって購入してくれるので、そのお金を全部集めれば、実際に何百銘柄に投資したのと同じ効果が期待できるポートフォリオ※を組むことができるのです。

こうして、さまざまな銘柄を組み入れることによって、「分散投

【ポートフォリオ】
本来は書類を入れるケースのことだが、それが転じて、投資家が株式や債券など複数の資産に分散投資することを意味する。

投資信託とは？

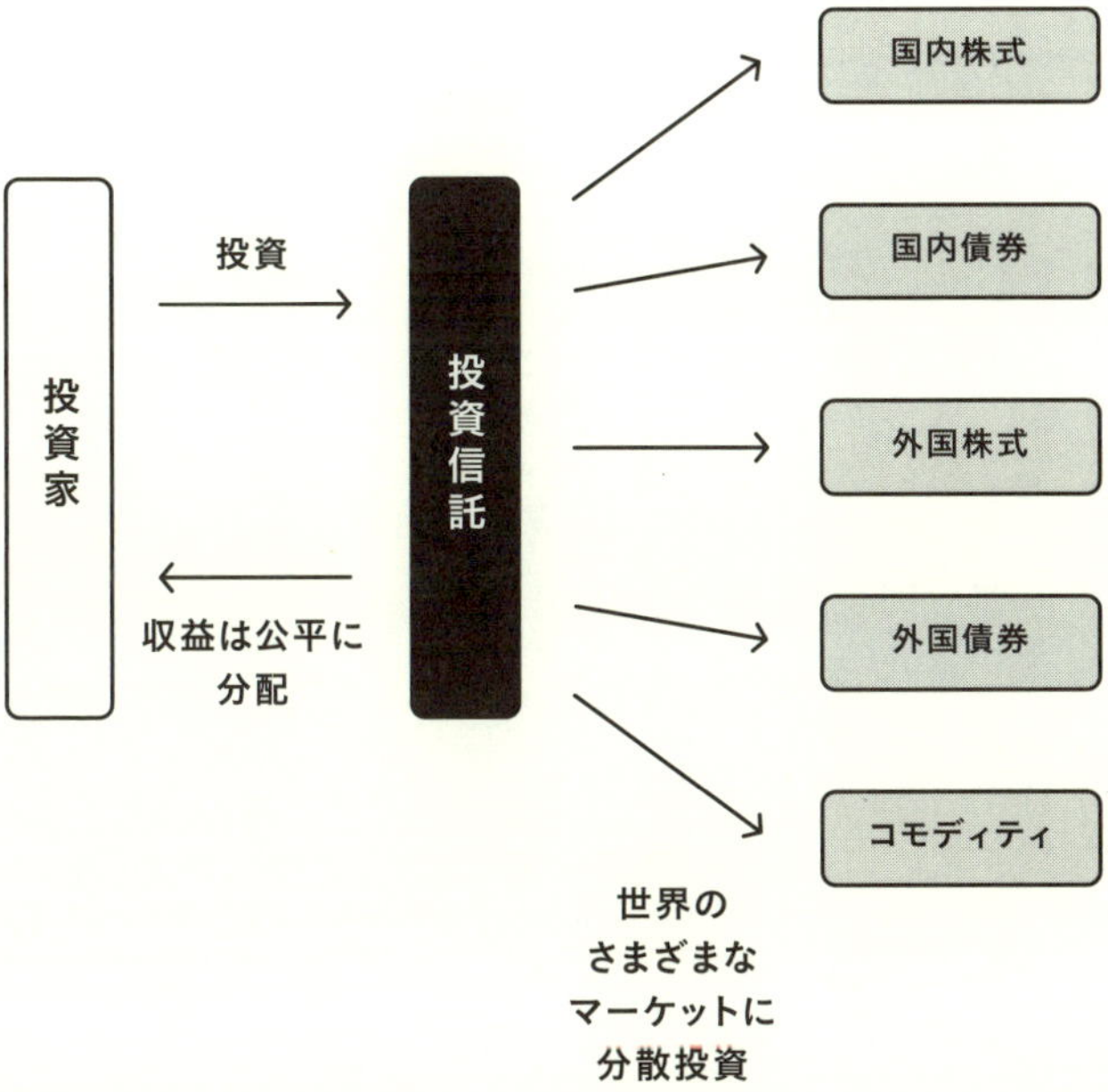
投資家
投資
投資信託
収益は公平に分配
国内株式
国内債券
外国株式
外国債券
コモディティ
世界のさまざまなマーケットに分散投資

資効果」が期待できます。分散投資効果というのは、それぞれ値動きの方向性が異なる複数の資産クラスに分散すれば、特定の資産クラスの価格変動リスクを緩和できるという発想です。

これを自分でやろうと思ったら大変ですが、プロのファンドマネジャーに任せてしまうというのが、投資信託の基本的な考え方です。

では、よいファンドを見つけるためにはどうすればいいのかということですが、これが非常に難しい。そもそも日本国内で設定・運用されている投資信託の本数は、全部で４０００本以上もあります。ここから1本、あるいは2本のファンドを選び出すというのは、少なくとも投資の初心者には、非常に難しいことでしょう。

ひとつだけ、これは本当に覚えておいていただきたいのですが、今、この本を読んでくれている多くの読者の方が、日常接している金融機関は、決してあなたの資産について、親身になって考えてはくれないということです。

嘘だと思ったら、一度、自分が口座を持っている金融機関の窓口

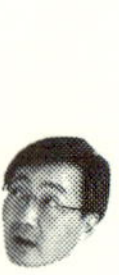

つまり、少額からでもたくさんの銘柄を買えるので、個々のリスクを分散できるというわけですね。

に行って、「投資信託をください」と言ってみてください。おそらく、そこで相手がすすめてくるファンドというのは、その金融機関が今、何としてでも販売したいと考えているファンドのはずです。購入手数料や信託報酬といった、運用に必要なコストも、かなり高い水準でしょう。

【中野】

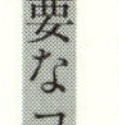

高水準であることイコール悪ではないけれども、その高いコストに見合ったサービスをしているかどうかが問題ですね。

THEMA 2

投資信託って、何ですか？

せっかく投資信託の話が出てきたので、少し詳しく、投資信託の仕組みについても解説しておきましょう。

長期に資産形成をしていくのに、どうやら投資信託がいいらしいということがわかり、「じゃあ、投資信託を買おう」ということになりました。さて、どこで買いますか？

おそらく、多くの人はこうして金融機関の窓口まで行き、「投資信託が欲しいんですけど……」と言うに違いありません。これ、先ほども言ったように、金融機関からすればまさに「カモネギ」なのです。

投資信託って誰が作っているのか、ということを考えたことがありますか？ 「投資信託って証券会社とか、銀行とかが作っているんじゃないの？」と思っている人が大半ではないでしょうか。

ここにひとつ大きな問題があります。投資信託は、それを販売し

投資信託を作って運用しているのが投資信託会社で、投資信託を売っているのが証券会社や銀行なんですね。

投資信託の仕組み

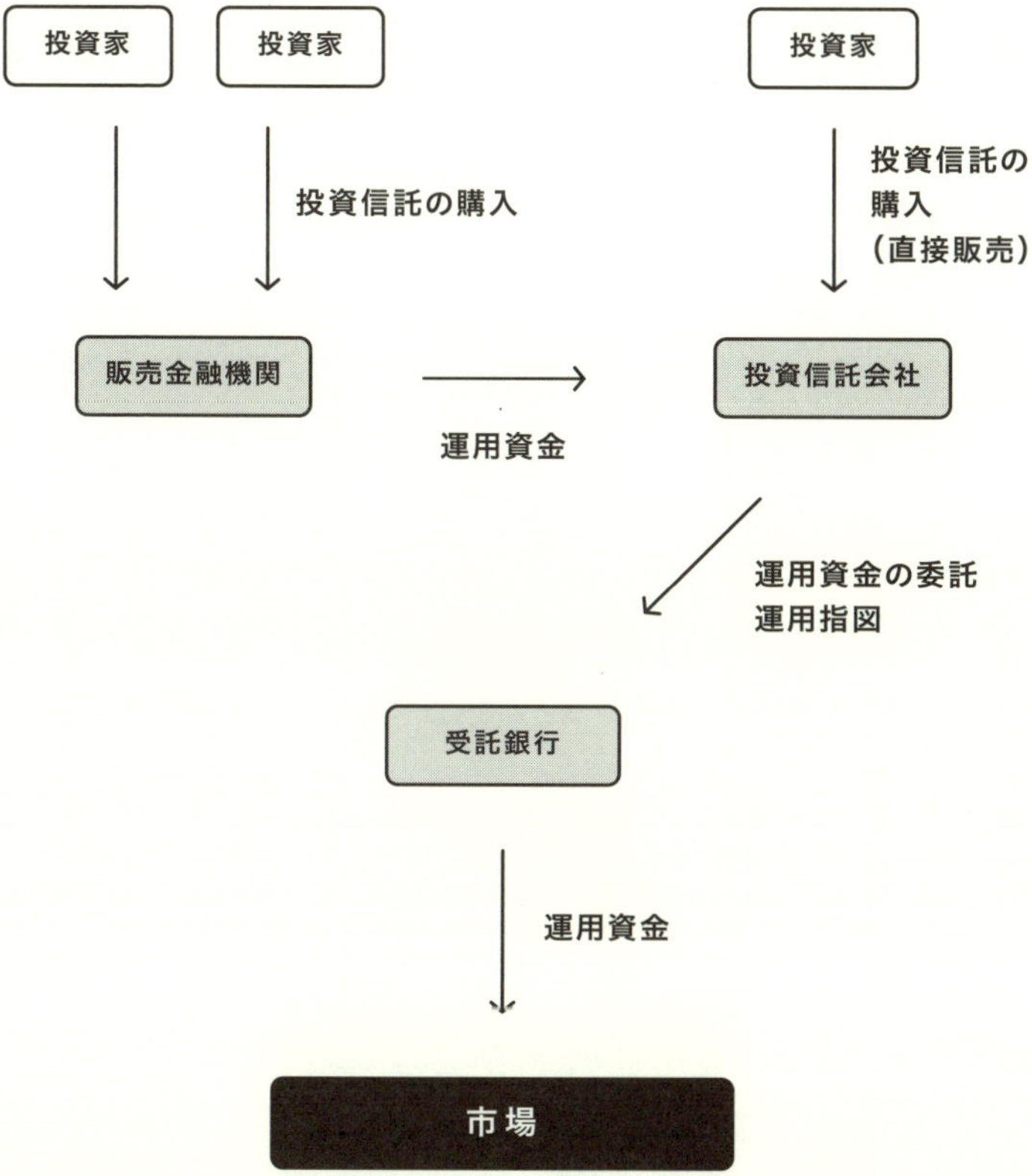
投資家
投資家
投資家
投資信託の購入
投資信託の
購入
（直接販売）
販売金融機関
運用資金
投資信託会社
運用資金の委託
運用指図
受託銀行
運用資金
市場

ている金融機関が作っているわけではないのです。

どこが作っているのかといえば、投資信託会社です。販売金融機関は、投資信託会社が作った投資信託に、自分たちの取り分、つまり手数料などを上乗せして販売しているだけのことなのです。要は小売店です。

小売店なので、基本的にどんな投資信託でも販売できます。だから、金融機関は少しでも高い手数料がもらえる投資信託を、優先的に販売しようとします。そこには投資信託を買いに来た人の、投資を通じて企業を応援したいという気持ちを汲んで、それにふさわしい投資信託を選んで差し上げようなどという気持ちは微塵もありません。完全なミスマッチなのです。

片方は「とにかく手数料を稼ぎたい」、もう片方は「投資で資産形成を図りたい」「企業を応援したい」という状況ですから、これはよほどのことがない限り、お互いの気持ちが一致することはないでしょう。

「企業を応援したい」という気持ちを持って投資信託を買おうとし

中野さん、言いますねぇ。販売員の方には真面目な方が多いけれども、組織の論理で葛藤を抱えながら販売したくないモノを売っている人も少なくなさそうですよね。

ている人というのは、現状、まだまだ少数です。大半の人は、株式のデイトレードと同様、投資信託も短期トレードのツールだと思っています。だから、投資信託会社も図に乗って、目先で儲かった感じのする投資信託を作ろうとします。

　この手の投資信託は、間違いなく長期的に儲かる仕組みにはなっていません。具体的に言えば、毎月分配金を出しているファンドなどが、これに当たります。

　長期的に資産を大きく増やしていく場合、「複利運用」が大きな武器になります。複利運用というのは、一定の運用期間中に得られた利益を、現金として受け取るのではなく、もう一度、同じ資産に投入して運用するということです。

　これを繰り返していくと、どんどん投資元本が増えていくので、長期的に見た場合、より大きな成果となって返ってくる可能性が高まるのです。毎月分配金を受け取るというのは、この効果を放棄しているのと同じです。

　加えて、本当に目先のテーマに乗ったようなファンドもたくさん

雪だるまのようですね。たくさん長く転がしたほうが大きくなる。

100万円を年利回り10%で運用したときの単利・複利の違い

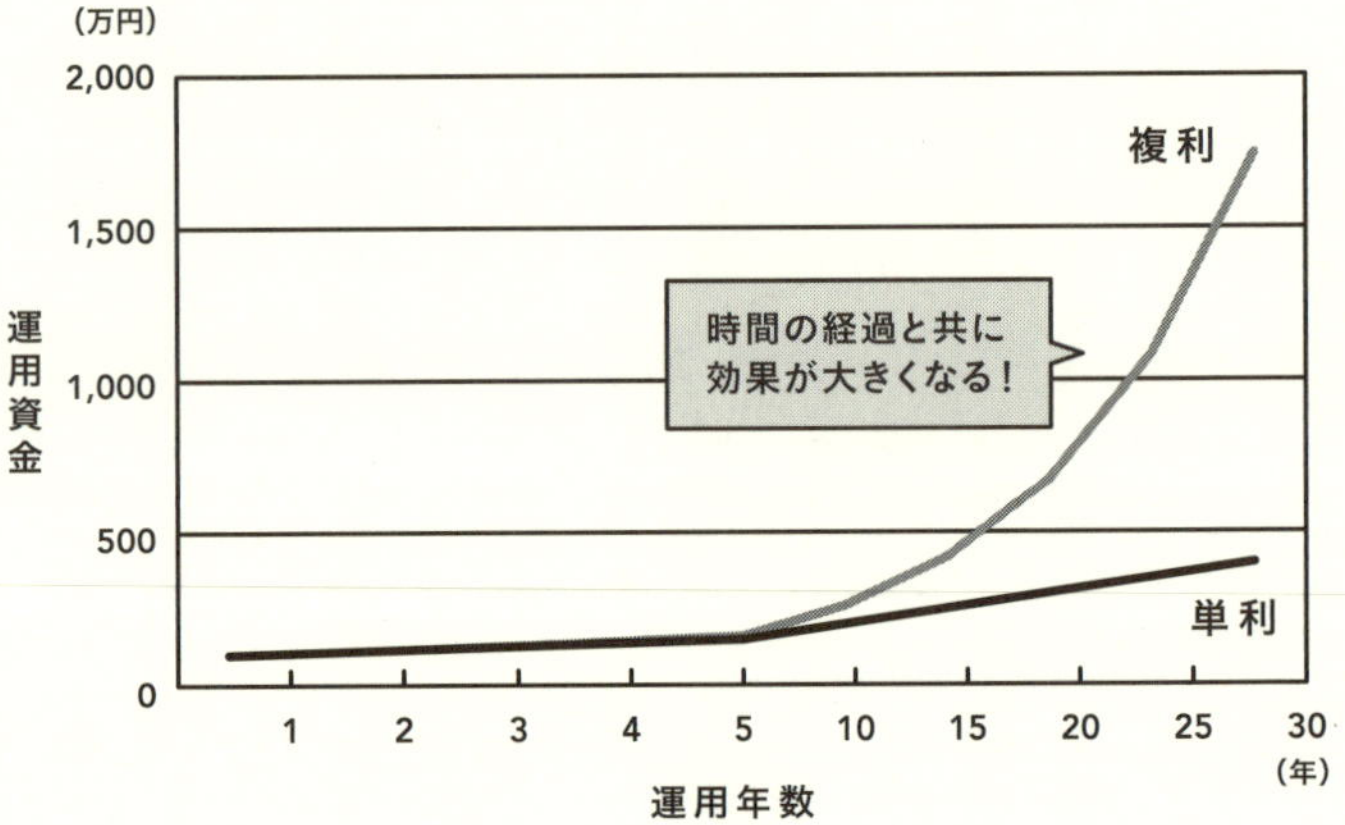

運用年数(年)	0	1	2	3	4	5	10	15	20	25	30	50
単利(万円)	100	110	120	130	140	150	200	250	300	350	400	600
複利(万円)	100	110	121	133	147	161	260	418	673	1,084	1,745	11,740
差(万円)	0	0	1	3	7	11	60	168	373	734	1,345	11,140

あります。たとえばブラジルに投資するファンド、環境関連企業にだけ投資するファンドといった具合で、いずれもテーマ型などと称されていますが、要は、目先のマーケットのブームに乗っかったような投資信託です。

誰もがご存じのように、ブームは必ず終わります。これは投資の世界でも同じで、ブームで大きく株価が上昇しても、いつか下落に転じます。バブル崩壊のようなものです。

４０００本もある投資信託を一つひとつチェックしていくのは大変骨の折れる作業ですが、ネットなどを通じて、投資信託の一覧などを見てもらえると、今申し上げたことがよくわかると思います。

なお、長期投資で資産育成をする場合は、「我慢」が必要になります。豊かな社会を築くためにお金を回していくというのが長期投資の基本なので、そこから果実を得ようとしたら、それはずっと先の話になります。「ありがとう」という付加価値ができるまでには、時間がかかるのです。今、払い込んだお金が来年には倍になっているなどというおいしい話など、どこにもないのです。

【中野】

THEMA 3

そもそも、投資に回すお金なんてないのですが？

多くの人にありがちな勘違いは、「ある程度、お金を貯めてからでなければ投資できない」ということです。

しかし、まとまったお金を投資する場合は、資産をどう分散させればよいのか、あるいは投資するタイミングはどうなのかなど、いろいろ考える必要があるので大変です。

でも、「積立投資」ならこの手の心配はいりません。積立投資は、毎月、定額が自動的に自分の銀行口座から引き落とされて、投資信託を購入する方法で、バクチ的な投資になるリスクも避けられます。

投資にバクチ的なイメージを持っている人はいますが、決してそのようなことはありません。

確かに、価格の上下動はありますが、それも毎月、たとえば投資信託を1万円ずつ長期に積立投資していけば、時間が分散されるので、価格変動リスクそのものも軽減できます。つまりバクチ的な投資ではない方法で、「貯めながら殖やす」ことが可能になるのです。長期投資は「資産育成」という観点から考えた場合、無理のない、とてもよい方法だと思います。

仕事では多少の無理はしても、自分の大事な資産の運用で無理はしたくない。多くの人はそう考えていると思います。

そもそも仕事で1日のかなりの時間を費やしているのに、投資にまで時間を割いて、真剣にトレードをするなどというのは、普通の人には不利でしょう。仕事をしているのであれば、運用はあまり無理をせず、じっくり構えて行ないたいのではないでしょうか。

また、短期のトレーダーの場合、ここ一発で大勝負を仕掛ける人もいますが、それは長続きしません。もちろん、1度や2度は成功するのかもしれませんが、短期のトレードを繰り返していく場合、常に勝てる人など皆無に等しいのが現実です。しかも短期トレーダーの場合、チョロチョロ勝ち続けても、1回の負けが大きくなると、トータルの成績は大幅なマイナスになってしまいます。

「貯めながら殖やす＝ためふや投資」ですね！

大切な時間はトレーディングよりも自己投資のために使って、自分自身の価値を高めることがずっと大事ですよね。

でも長期で、かつ積立で投資していけば、本当に無理なく資産育成を図ることができます。月々の収入のごく一部であったとしても、それを着実に投資に回していくことができます。まさに余裕資金を用いた積立投資になりますから、過度のストレスやプレッシャーとは無縁です。

だからこそ、長期投資はおすすめなのです。特に20代、30代の資産育成層にとっては、長期投資をいかに実践していくかによって、将来の人生設計が大きく変わります。

何もしない人は、おそらく年金も足りず、かといって貯蓄もないということで、金銭的に苦労するでしょう。多少なりとも貯蓄しているにしても、大半の資金を預貯金で運用している人は、預けた資金が大きく膨らむことはありません。また、デフレ時代からインフレ時代に変わっていくとなると、現金は価値の保全にはなりません。

もし、定年までに２５００万円を貯めたいということで、毎月２万円ずつ積立預金にしていったとしても、現金の０％金利では、２５００万円を作るためには、１００年以上もかかるのです。【渋澤】

毎月1万円ずつ積立していくと？

利率	5年	10年	15年	20年	25年	30年
1%	614,921円	1,261,209円	1,940,465円	2,654,369円	3,404,690円	4,193,284円
3%	645,810円	1,394,480円	2,262,394円	3,268,544円	4,434,948円	5,787,130円
5%	678,137円	1,543,632円	2,648,246円	4,058,045円	5,857,345円	8,153,759円
7%	711,959円	1,710,517円	3,111,048円	5,075,364円	7,830,419円	11,694,526円

毎月3万円ずつ積立していくと？

利率	5年	10年	15年	20年	25年	30年
1%	1,844,763円	3,783,628円	5,821,395円	7,963,108円	10,214,069円	12,579,853円
3%	1,937,429円	4,183,440円	6,787,182円	9,805,633円	13,304,845円	17,361,391円
5%	2,034,412円	4,630,895円	7,944,738円	12,174,135円	17,572,036円	24,461,277円
7%	2,135,876円	5,131,552円	9,333,143円	15,226,091円	23,491,256円	35,083,578円

THEMA 4

長期で持てる投資信託って、どうやって選べばいいの？

確かに、長期投資できる投資信託を探し出すのは、大変な作業です。何しろ4000本も運用されている中で、それを探し出さなければならないのですから。ただ、全く手がかりがないわけではありません。過去の運用成績や純資産残高※、コスト※などを総合的に見ることによって、ある程度の見当をつけることはできます。

まず「純資産残高」。これは、その投資信託の規模を示す数字と思って差し支えありません。これが30億円以上あることがひとつの目安です。または、設定来、安定的に増加傾向をたどっていることが、よい投資信託の条件です。純資産残高が減り続けていたり、あまりにも小さいと、繰上償還といって、強制的に償還されてしまう恐れが生じますし、資金の流出入によって純資産残高の増減のブレが激しいと、運用する側も落ち着いた運用ができなくなります。

【純資産残高】
投資信託の資産規模を示すもの。ファンドに組み入れられている株式や債券などの時価を評価し、それを合計して求められる。

【コスト】
運用に係る経費のこと。投資信託の場合、購入時にかかる購入手数料、保有期間中に支払う信託報酬が、主なコストになる。

また、「コスト」も、重要な判断材料になります。というのも、ファンドを保有している期間中にかかる信託報酬や、購入手数料が高いと、いくら運用成績がよかったとしても、この手のコストに食われてしまい、満足のいく収益が得られなくなる恐れがあります。

そして、これが最も基本的なことですが、「運用期間」にも要注意です。長期で持つならば、やはり運用期間が無期限というファンドを選ぶべきでしょう。なかには5年、あるいは10年で償還することを前提に運用されているものもありますが、これでは長期投資向きのファンドとは、とても言えません。

なぜ、このように運用期間を決めているのかというと、償還させることによって、お荷物になるファンドを減らしたいからです。

一般的に、日本の投資信託は短命で、運用開始から2年も経つと、最初に購入した人の資金は、ほとんど解約されて残らないという話もあるくらいです。解約に次ぐ解約で運用資金が減ってしまうと、投資信託会社は維持費を賄うことができなくなってしまうので、できるだけ早いうちに償還させたいと考えるわけです。だからこそ運

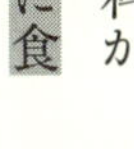

本来、運用成績とは、コストを差し引いた「純リターン」で計るべき。

用期間を定めて、骨と皮だけになったファンドの運用が長引かないようにしているのです。

そして最大の問題は、すでに骨と皮しか残っていないファンドなのに、「長期保有を前提に購入したのだから、私は解約しない」といって、持ち続けているケースです。

たとえば100億円あったファンドが、解約、解約で2億円になってしまったとします。この2億円が何に投資されているのかということを、しっかり考えるべきでしょう。

おそらく、まともなものには一切、投資されていないと思います。解約がどんどん出てくる過程で、それが株式であれ、債券であれ、売りやすいものはどんどん売っているからです。したがって、解約資金を集めるために売却した後に残っているものは、もう売りたくても売れないものばかりが残されているということになります。

そのような、もう「ゴミ」としか言いようのない株式や債券を組み入れて運用しているファンドを、「長期保有だから」といって保有し続けたとしても、まず幸せにはなれません。

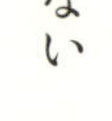

まるで「ゾンビ・ファンド」……?

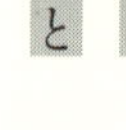

ちょっとでも損をしていると、回復するまで保有しようと考えて傷口が広がるケースが多いですね。

そのファンドを保有している投資家ばかりでなく、多大なコストをかけて運用しなければならない投資信託会社にとっても、そのために目論見書※や運用報告書を投資家に送付しなければならない販売金融機関にとっても、すべてにおいて不幸なことなのです。

だから、残高が少なくなったファンドはさっさとこの世から消滅させるために、最初から運用期間を定めておくのです。

でも、よく考えてみてください。5年あるいは10年という短い時間で、企業は付加価値を生み出すことができるでしょうか？　世の中の人たちにとって、本当に感謝される製品・サービスは何かというこ とをリサーチし、実験を繰り返してプロトタイプを作り、それを徐々に製品化していく。それは非常に時間のかかる作業です。

しかも、それで世に問うたとき、本当に世間の人たちが「ありがとう」と思ってくれるかどうかはわかりません。企業が新たな付加価値を生み出すというのは、5年や10年でできることではありません。それを前提に考えると、やはり長期運用の対象として投資信託を選ぶ場合は、運用期間の制限がないものにするべきでしょう。【中野】

【目論見書】
受益者（顧客）と運用会社に投資を託す契約の内容が記載されている。

THEMA 5

今日からできる長期投資の具体策（渋澤編）

では、具体的に投資信託を使って長期投資を始めてみましょう。

第一ステップは、インターネットで投資信託について調べてください。投資信託の基本情報を無料で提供している主なサイトとして、「モーニングスター」（http://www.morningstar.co.jp/）、「投信まとなび」（http://www.matonavi.jp/）があります。情報は豊富なのですが、国内外の投資信託の3000本以上の情報が載っていますから、初めての方だと逆に多すぎて戸惑ってしまうかもしれません。

一言で「投資信託」と言っても、運用スタイルがたくさんありますので、ひとつの出発点として、私たち草食投資隊のそれぞれの運用会社のサイトをアクセスしてみてください。※

まず、サイトの「はじめての方へ」「○○について」「○○の特長」などで、どのような方針や戦略でファンドを運用しているかを

※コモンズ投信
http://www.commons30.jp/
※セゾン投信
http://www.saison-am.co.jp/
※ひふみ投信
http://123.rheos.jp/

確認してください。三社とも長期投資の投資信託という意味では同じですが、コモンズ投信とひふみ投信は株式の「個別銘柄」に投資をしますが、セゾン投信は世界の株式や債権のファンドに投資をします（138〜139ページ参照）。

また、ここでひとつ大事なことを確認してください。それは手数料です。投資信託には必ず費用がかかります。ただし、私たち草食投資隊のサイトに訪れて直接に購入していただく「直販」（直接販売）の場合、「販売手数料」はゼロです。一方、運用残高に応じて年率の「信託報酬」が徴収されます。これが、私たち運用会社の収入源になります。また、会社の方針によっては換金の際に「信託財産留保額」という置き物のお金が徴収される場合もあります。

もうひとつ確認しておくべきことは、投資信託という金融商品は出資した金額になる「元本」が保証されないということです。もちろん、投資信託運用会社の目的は、投資を託してくださったお客様（受益者）からお預かりした元本以上の金額をお返しすることに違いありません。ただ、これは、あくまでもベスト・エフォートで収益とはお約束できることではありません。受益者が投資を始めたときと終えたときのタイミングと市場の環境、経済の動向、企業の業績によっては、換金したときには元本が減っている場合もあります。「元本保証型」とうたう投資信託もありますが、それには満期まで償還できない、「保険料」のようなコストが見えないように収益が差し引かれているなど、カラクリがあります。もし、収益を約束するような投資信託があれば、それは倫理的にも、法律的にも反していますので、絶対に避けてください。

損をするかもしれない。だから、投資は嫌だという人もいるかもしれません。しかし、そのような人は投資からの果実を味わうこともありません。当たり前のことですが、お金を減らす目的ではなく、あくまでもお金を殖やす目的のために投資をするのです。

しかし、お金が殖えたから、それだけでいいということでもありません。自分が出資した投資信託が何に投資をしていることも、きちんと理解することが大切です。株式投資信託の収益構造はわかりやすく、投資先の株式が値上がりするからです（コモンズ投信のサ

直販のしくみ

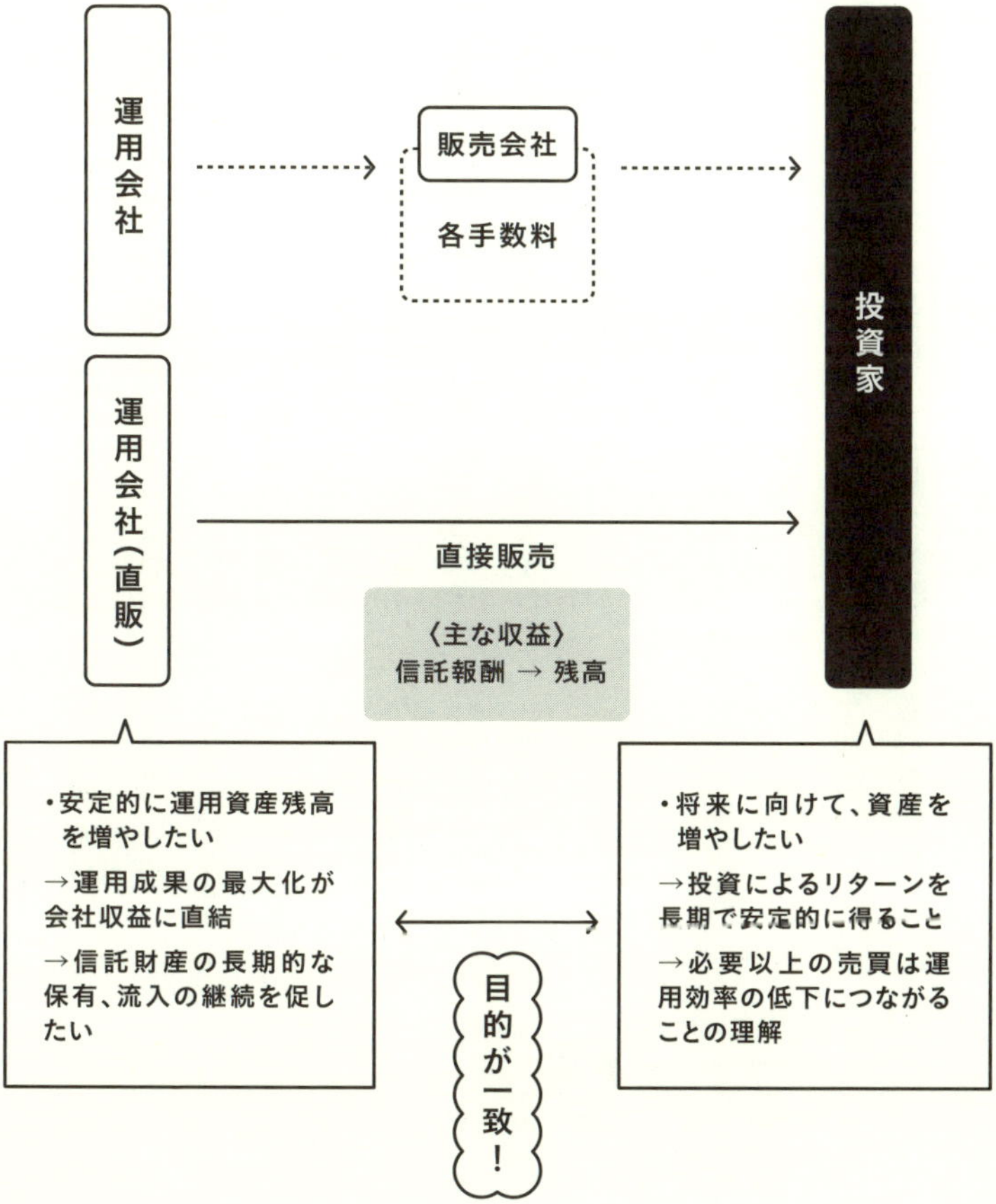
運用会社
販売会社
各手数料
投資家
運用会社(直販)
直接販売
〈主な収益〉
信託報酬 → 残高
・安定的に運用資産残高を増やしたい
→運用成果の最大化が会社収益に直結
→信託財産の長期的な保有、流入の継続を促したい
・将来に向けて、資産を増やしたい
→投資によるリターンを長期で安定的に得ること
→必要以上の売買は運用効率の低下につながることの理解
目的が一致!

イトでは、「コモンズ30ファンドについて」というページから投資先の銘柄をわかりやすく紹介しています）。その投資先の株式が、特に長期的に値上がりした理由も単純で、それは企業が事業を通じて社会へ価値創造を提供し、売上や収益という業績が上昇し続けているからです。損をした場合は、その逆ということです。

ある程度、投資信託のことを理解したら、ぜひ、運用会社のことも調べてください。どのような理念で、どのような人たちが会社を立ち上げて日々運営しているかということは、長期的にお付き合いするからこそ大事なことです。やはり、大切なお金を託す相手ですから「顔が見える」ほうがいいですよね。

投資信託と運用会社について調べるにあたって自分の関心度が高まるようでしたら、次のステップの口座開設に入りましょう。その方法はいくつかあり、ひとつは証券会社で口座開設して複数のファンドから選んで購入します。また、「直販」で販売手数料をゼロに留めたい場合は、直販を提供している運用会社で口座開設します。

直販ファンドって、生産者が「私が作ったキャベツです」と写真付きで売っている産地直送野菜みたいなものですね。

口座開設の際に重要なことは、ファンドの目論見書の内容を理解することです。必ずしも読みやすい書類ではありませんが、運用会社がお預かりしているお金をどのように運用できるか、投資にどのようなリスクがあるか、どのような手続きや手数料があるか、等の内容が掲載されています。

口座開設には複数の書類の提出が必要なので、ここであきらめてしまう方々が結構います。実際にステップずつ実行すれば難しいことではないのですが、とても残念なことです。口座開設を延期することによって、長期投資に大切な時間を無駄にしているからです。

私たちの時間とは、毎日に必ず1日ずつ減る大切な資源です。特に時間がたくさんある若い方たちこそ、長期投資の資源として早めに活用すべきです。

一方、長期投資を始めるにはたくさんのお金は必要ありません。ご自身の収入から生活費やレジャー費を差し引いて残る余裕資金の一部を、毎月、ご自身の銀行口座から自動的に引き落として投資信託を買いつけるのが「積立投資」です。月3000~5000円ぐ

この「積立投資」こそが「貯めながら殖やす=ためふや投資」のことなんですよ！

らいから始められます。友達とおいしいお食事を楽しむことも大切ですが、自分の未来のために少しずつ「お金を育てる」ことも大切なことです。

初めて投資信託に投資されるのであれば、いろいろな場面でわからないことがあると思います。そのために、運用会社のサイトには「よくあるご質問」という項目が設けられていて、運用について、口座開設について、購入取引について、換金取引について、積立投資について、口座開設の手続きについてなど、さまざまなQ＆Aが掲載されていますのでご参考にしてください。それでも、わからない場合は、コールセンターに電話をかけてみましょう。

「積立投資」の口座を開設した場合、銀行の事務処理期間を経てから銀行の口座からの引き落としが始まります。その後は、運用会社のサイトやコールセンターを通じて、毎月積み立てる金額の増減額ができます。

もちろん、まとまったお金を一括に投資をする「スポット」購入もできます。この場合は、口座開設が完了した後に、投資金額を運用会社の指定先の銀行口座に振り込んでサイトや電話で注文を入れる必要があります。

長期投資を開始した後は、それぞれの運用会社が定期的に送付する報告書や、サイト、ブログなどで運用会社が提供するさまざまなコンテンツに目を通したり、実際にセミナーなどに参加して、運用会社の責任者の考えなどを肌で感じてみてください。

もちろん、「ほったからし」でも構わないのですが、その場合はせっかくの長期投資の経験が半減してしまいます。長期投資とは共に育てる参加型の投資です。自分のお金が、運用会社の手によって、どのような経済社会に循環していることを感じることも大切ですし、また、自分と同じように未来に希望を持った方々との素晴らしい出会いの場にもなります。

日常の垣根を越えて寄り集まるから新しい発見があり、和気あいあいと未来へ希望を持てる。これが、長期投資の本質なのだと思います。

【渋澤】

THEMA 6

今日からできる長期投資の具体策（中野編）

投資信託を活用して長期投資を始めることは、実は物理的には割と簡単です。口座開設してお金を払い込む、それだけのことです。

ところが実際、精神的にはなかなかやさしくなく、強い意志が必要なようです。それは、人間誰しもが思ったこと、考えたり決断したりしたらすぐに行動、とはいかない生き物だからです。

たとえば、「よーし、英語力を身につけるぞ！」と英会話学校に通う決心をしたとしましょう。まずは、学校選びということになると思いますが、カリキュラムは？　スケジュールは？　授業料は？　申込み手続きの方法は？　……比較検討するだけで大変です。仕事も忙しいし、近いうち時間ができたときに後で、とつい先延ばししがちだったりしますよね。

長期投資も同じことで、それなりの本気度はやっぱり必要です。

OK! Let's start today! Just put a little bit aside every month, to invest for the long term.

ただし、決して大きな勇気は必要ありません。なぜなら、積立投資を利用することで、ごく少額から長期投資を始めることができるからです。

草食投資隊の3人は、この積立投資を皆さんにおすすめしています。それは、まとまったお金が用意できない人でも、全然貯金がない人でも、積立投資なら、将来に向けた資産育成のための長期投資ができるからです。

たとえばセゾン投信は毎月5000円から、コモンズ投信は3000円から積立投資を始められます。ひふみ投信は直販だと1万円からですが、SBI証券を通じてだと、何と500円から長期投資が始められるのです。

いずれにしても皆さんの毎月の給料やお小遣いから、各人の身の丈に合った無理のない金額で、誰でも気軽に長期投資家になれるのです。これだったら勇気を振り絞ることもありませんね。

積立投資を始めたら、あとは毎月銀行自動引き落とし。時間を味方にして、同じリズムで一定金額を積み上げていけばいいのです。

ところで、皆さんは、ご縁があってこの本を手に取り読んでくださっています。これ、人生の行動規範として大事にしてほしいことなのです。

自身の体験でお話ししますと、私は2年前から茶道のお稽古を始めました。実は、親しい友人である『投資信託にだまされるな！』（ダイヤモンド社）の著者、竹川美奈子さんからのお誘いがあって、試しにお稽古に参加してみたのです。でも、やっぱり仕事が忙しいし、お金もかかるし、毎月通うのも面倒くさいし、それに何だか才能なさそうだし（苦笑）……と散々迷いましたけど、結局、竹川さんが誘ってくださったご縁を大切にしようと思いました。イジイジと逡巡することは誰にでもありますが、ご縁を大切にすることで、行動力はとても高まります。ご縁や出会いは自分にとってのチャンスなのです。

私もそのおかげで、ちょっとずつ茶道の素晴らしさ、日本文化の深みがわかるようになってきました。竹川さんには本当に感謝しています。皆さんの本書とのご縁、そして草食投資隊との出会い、これを長期投資への決断と行動に、ぜひ活かしてください。

また、お稽古を通じて新しい仲間もできました。不出来な私を優しく指導してくださる先生はもとより、先輩弟子の方々も温かくいつも励ましてもらっています。

長期投資も同じです。目標と価値観を共有するたくさんの仲間と、同じファンドという列車に乗り込んで、長期投資の旅をするようなもの。だからこそ、長期投資仲間との出会いや、ファンドの運用者との交流は大事なものだと思っています。

私たち草食投資隊も、セミナーなどでお客様とコミュニケーションを図り、定期的に運用報告会を開いて運用現場の生の声をお伝えしています。さらにお客様同志がお友達になって、情報交換したり激励し合ったりしていて、よいコミュニティとなっているようです。

長期投資は決して孤独な旅ではないのです。皆さんも、このご縁と出会いを大切にして、長期投資への第一歩を踏み出してください。

【中野 】

自発的に勉強会を開くなど、私たち以上に皆さんで学び合ったり、支え合ったりしていて素晴らしいです！

THEMA 7

今日からできる長期投資の具体策（藤野編）

「草食投資隊」って珍妙な名前ですよね。草食男子がちょっとひ弱なイメージがあるせいか、迫力がないとか儲からなさそうとか言われることがあります。でも、投資ってそもそも楽しくて平和で、ゆっくり大きく育つものなんです。たとえば、ゾウやキリンだって草食動物です。草食動物は決して弱くないし、小さいというわけではありません。

草食投資でお金をゆっくり大きく育てていくためには、「貯めて殖やすこと」が基本です。つまり、「ためふや」を実践することで、いつの間にか大きくなっているのです。

私たち、草食投資隊はそれぞれファンドを運用しています。渋澤隊長は、「コモンズ30」というファンドで、日本の成長株30社に厳選投資をしています。日本の企業といっても世界に投資をしていて、

ためふや！　草食投資隊が全国に広めたいキーワードです！

世界の成長を日本企業ながら取り込めます。

中野さんが運用する「セゾン投信」の「セゾン・バンガード・グローバルバランスファンド」は、世界の主要国の株式や債券をバランスよく投資をすることで世界の成長をまるごと取り組むというものです。※

そして、私が運用をしている「ひふみ投信」は、日本のベンチャー企業に近い小さな新興企業から大企業まで成長する会社に投資をして、日本の元気企業に投資をするファンドです。

それぞれ違いがありますが、日本や世界の成長を取り込んでいくという点では共通しています。

私たちが本書で提案しているのは、「貯めて殖やす＝ためふや」という具体的な方法です。決して精神論などではなく、月々少しずつでも投資をするという行動を実践することによって、長期の資産形成をすることができる。そして、将来のお金の不安を解消できるということに、その価値があります。

※世界中のよい会社に投資する「セゾン資産形成の達人ファンド」というアクティブファンドもあります。

もちろん、日本にはたくさんの投資信託会社がありますので、この3本以外にもたくさんよいファンドがあると思います。渋澤さんや中野さんの具体策も参考にしながら、皆さんもじっくりと吟味してください。

渋澤さんも中野さんも言っていますが、長期投資を続けていくためには、仲間が必要です。まさに私たち草食投資隊の活動も、3人それぞれが支え合っていると感じます。

渋澤さんも中野さんも私も性格も違うし、バックグラウンドも違います。草食投資にかける思いや、「ためふや投資」を普及させることで日本をよくしたいという気持ちでは一致していますが、投資手法や投資哲学まで一緒、というわけではありません。

世界の株式市場も乱高下するときもあるし、時には自信を失うこともあります。また、それぞれが会社の経営の責任者でもあるので、会社経営に悩んだりすることもあるわけです。そういうときは、それぞれ相談をしたり相談をされたりします。私自身も渋澤さんや中

ちなみに、3人は血液型もバラバラです。渋澤さんは天衣無縫なB型、藤野さんはマイペースで大らかなO型、そして私は繊細なA型です。

野さんにどれほど支えられたかわかりません。

そしてそれは、私たちのお客様に対しても同じ思いです。長期投資の旅を続けていくと、不安に思ったり辞めたくなったりするときもあります。そのような旅の途中に悩みを相談する相手の存在はとても貴重です。

フェイスブックには、草食投資隊のグループがあります（https://www.facebook.com/groups/123278684422185/）。そこにはたくさんの仲間がいて、日々議論をしたり悩みを語ったりしています。フェイスブックをされている方は、「草食投資隊」で検索するとすぐに発見できますので、ぜひ仲間入りしてください。私たち３人に直接、疑問をぶつけることもできます。草食投資隊３人の違った個性で、皆さんを長期的にサポートしていきます。


【藤野】

THEMA 8

解約が出るファンドがダメなのは、どうして？

その気持ちもわかります。運用する側から見れば、解約は一切出ないほうが安心して運用できます。

でも、投資信託を購入する側からすれば、買った後、全く解約できないというのは、何かと不便ですよね。たとえば、購入後10年以上にわたって全く解約できないというファンドを、買おうとするでしょうか？

誰しも、いつお金が必要になるのかということを、事前にわかるはずがありません。ライフプラン表などを書いて、30歳で結婚、35歳で第一子誕生、その後、子供の教育資金、自宅購入資金、自動車購入資金……というように、資金計画を立てる人もいますが、このプラン通りに人生が進むなら、誰も苦労はしません。予測不能なことが起きるのが人生ですから、いつ、どのくらいの支出が発生するのかを、すべて事前に把握するのは、まず不可能なのです。

運用期間中、絶対に解約できない投資信託などというのは、そもそも成り立ちません。もちろん、運用期間が1年、2年というように極めて短い投資信託なら、それもあると思いますが、長期投資を前提にする投資信託の場合、基本的には運用期間中の解約も受け付けてくれるというタイプでないと、まずお金は集まらないでしょう。

解約が出るファンドはダメだというのは、購入によって新規に入ってくる資金の額に比べて、解約によって流出する資金の額が大きいという意味です。解約額が購入額を上回る状態が続けば、着実にそのファンドの運用資金は目減りしていきます。

逆に、いくら解約額が大きかったとしても、それを超える資金が新たに入ってくれれば、トータルの資金バランスで見た場合、運用資金は増えることになります。

運用する側にとって怖いのは、解約に次ぐ解約で、一向に新規の資金が入ってこない場合です。いくら運用する能力が高いファンドマネジャーが運用しても、解約がどんどん増えていくファンドの運用を任されたりしたら、まず運用成績を上げることはできません。

解約がどんどん出ると、ファンドマネジャーはファンドに組み入れられている株式や債券を売却して、解約資金を作ります。いきなり何十億円もの解約が出たら、もう何も考えることはできません。とにかく、売れるものを売って、解約資金を作ろうとします。つまり、投げ売り状態になるのです。

どれだけ株価の値上がりが期待できる企業の株式だったとしても、売却しなければなりません。これでは、運用成績の向上など、一向に期待できません。

逆に、購入額が解約額を上回っていれば、相場が下がったときに、新たに安いところで組入銘柄を買い増すことができます。これは非常に力強い援軍です。常に購入額が解約額を上回っていれば、ずっと安いところを買い続けることができます。これなら、よほど下手くそな運用をしない限り、お金の流れが運用成績を押し上げてくれます。

122ページで、長期投資できる投資信託の目安のひとつとして、

実際に、現役のファンドマネジャーでもある私の立場から見ても解約の多いファンドでの運用は困難を極めます。

つまり、運用者の選択肢を増やしているんだね。

純資産残高を挙げましたが、たとえその額が30億円に満たなくても、徐々に資金が入ってきていれば、長期運用の対象として候補に入れることができます。

問題は、何を基準にして、購入額が解約額を上回っているのかを判断すればいいのか、ということなのです。

基本的に、いつでも購入できる追加型投資信託の場合、ファンドの規模は純資産残高で表示されますが、これはファンドに組み入れられている株式や債券の時価を合計したものなので、純粋に資金の流入、流出だけでなく、それらの時価の値上がり、値下がりによっても変動します。したがって、純資産残高を見ただけでは、資金の流出入の状況が把握できないのです。

そこで、この手の情報を提供しているサイト（126ページで紹介した「モーニングスター」「投信まとなび」など）を利用することになります。こうしたサイトには個別ファンドごとに資金の流出入状況が掲載されており、資金の流出入状況が簡単に把握できますので、興味のある方は一度、チェックしてみてください。【中野】

THEMA 9

低成長の日本の企業に投資する意味はあるの？

今の日本企業に関連するニュースを見聞きしていると、果たして日本の企業に投資する意味はあるのだろうかと、疑問に思うのも無理はありません。シャープ、ソニー、パナソニックなど、日本を代表する大手企業の株価は軒並み下落しており、尋常ではない赤字を出しています。基本的に株価は業績に連動しますから、今のように赤字を垂れ流しているような状態にある企業の株価は、上がるはずがありません。つまり、日本企業の株式に投資する意味はないという結論になります。

でも、株価をもう少しよくチェックしてみてください。実は、多くの日本企業は今も成長を続けているのです。

日本の株式市場の株価トレンドを全体的に示す数字に、日経平均株価などの「株価インデックス※」というものがあります。それが過

【株価インデックス】
日経225平均株価や東証株価指数（TOPIX）など、市場全体の値動きを示すもの。

去10年間、ここでは２００２年7月末から２０１２年7月末までの数字を取っていますが、この間、どのくらい値上がりしたのか、あるいは値下がりしたのかを比較してみます。すると、非常に面白い事実が見えてくるのです。

まず東証株価指数。これは東京証券取引所１部市場に上場されている全銘柄の時価総額を指数化したものです。この騰落率が、過去10年間で24%のマイナスです。

ところが、東証２部指数に目を向けると、これが24%のプラスです。さらに、東証小型株指数が15%のプラス。逆に、ＴＯＰＩＸコア30という、日本を代表する30の大企業の株価をベースにした指数の騰落率を見ると、これが45%のマイナスです。

皆、同じ日本企業の株価動向を示しているのに、片やマイナス24%、もう一方がプラス24%。まるで違う国のようです。

確かに、日本企業は今、全く元気がなくて、世界的にもその存在感がどんどん低下しているかのように見えるのですが、それは、たくさんある日本企業の中でも、いわゆる大企業と言われる50社が不

大企業だから安心というわけではないのですね。

振に喘いでいるというだけのことなのです。逆に、それ以外の企業の多くは成長していると言ってもよいでしょう。

では、どうしてこれだけの差が出てきているのでしょうか。それは、経営者の資質そのものに問題があります。

トピックス・コア30に採用されているような大企業の場合、大半はサラリーマン経営者です。これに対して、東証小型株指数や東証2部指数に採用されている企業というのは、大半が小さな企業です。そして、その大半はオーナー経営者によって経営されています。

この違いは非常に大きいでしょう。会社が傾いたら自分の財産そのものが失われるリスクを抱えているオーナー経営者と、自分の会社の株式すらロクに持っていないサラリーマン経営者とでは、経営に対する覚悟が違います。

サラリーマン経営者というのは、サラリーマン同士の出世競争を勝ち抜いた末になるものですから、組織の中で自分がどう立ち回ればよいのかということには長けていても、真に経営を腹でわかっている人がどれだけいるかと言われれば、それは疑問です。

一方、オーナー経営者というのは、小さな家業からスタートして、営業から経理、財務、組織運営まで自分ひとりでこなしてきたような人が大半ですから、経営のことを腹で理解しているのです。

しかも、日本を代表する経営者団体、日本経団連の会長を務めるのは、株価的には全く冴えない日本の大手企業の社長クラスです。日本を代表する経営者団体の長が経営している企業がこの体たらくですから、日本が諸外国からなめられるのも、無理はないでしょう。できることなら、黒字を出せないような経営者は、そもそも経団連の長になど就く資格はありません。

それはともかく、日本企業は元気がない、日本は低成長国になり、これからの経済成長は期待できなくなる、などと言われる中で、必死な経営努力を積み重ねることで成長を続けている企業もたくさんあるのです。そして、株価は成長力に連動する傾向がありますから、これからの成長が期待できる企業の株式に投資すれば、いくら表面的には低成長国日本の企業であったとしても、投資するメリットは十分に享受できるはずなのです。

【藤野】

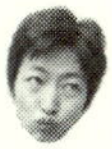
20世紀の価値観や成功体験に縛られた大企業は、どんなに有名な会社でも21世紀を生き抜くことは難しいでしょうね。

まあ、いい大企業もあるけどね。

THEMA 10

新興国への投資はしたほうがいい？

新興国というのは、これから経済が発展・成長していく国のことで、「エマージング・カントリー」などと呼ばれています。具体的には、アセアン諸国、インド、中国、中南米諸国、アフリカ諸国などがあります。

20世紀後半にかけての新興国の定義は、第二次世界大戦後、欧米の植民地から独立した国のことを指すのが一般的でした。どちらかというと、政治的な意味合いが強かったということです。これが2000年以降になると、急速に経済的な意味合いを強めてきました。BRICsやVISTAといった言葉も生まれ、中国やインド、ロシア、ブラジル、ベトナム、インドネシアなどの国々が注目を集めるようになりました。要は、2000年以降の新興国は、冷戦後から急速に経済力をつけてきた国というイメージで語られています。

こうした新興国に投資する魅力はどこにあるのかということですが、一言で言えば、やはり「成長期待」でしょう。

たとえば日本だって、今から100年前は新興国のひとつとして捉えられてきました。終戦直後も、国全体が焼け野原になり、そこから立ち上がってきた国であることを考えれば、つい60年ほど前まで、新興国だったと考えられます。そこからの発展ぶりを考えると、ものすごい成長を遂げてきたわけです。そこに資金を投じていたら、大きなパフォーマンスが得られたはずです。

それと同じで、たとえば50年後のミャンマーやアフリカが、今以上に大きく発展していくだろうという前提で投資すれば、ひょっとしたら50年後には、大きな成長果実を取れるかもしれません。その魅力は、先進国への投資では得られないものです。

実際に自分で資産育成のポートフォリオを組むのであれば、その一部に新興国を組み入れておくのは、より大きく資産を成長させていくうえでも必要になってきます。

ただし、新興国投資には注意点もあります。それは、いろいろな

今から思えば、100年前の日本には投資したいけど、当時はたくさんのリスクがあったでしょうね。

誰もが大きな成長に確信を持っているならば、市場はとっくにそれを織り込んで割高になっているもの。また、新興国投資一辺倒だとジェットコースターのような上がり下がりで目が回ってしまいます。

意味でインフラが未整備であるということです。道路や水道、空港、港湾など、建築物としてのインフラが整っていないということもありますし、政治や金融など、社会を動かしていくうえで必要な仕組みも未整備であるケースが多く見られます。つまり、新興国は高い成長が期待できる半面、非常に脆弱な部分も併せ持っています。

だからこそ、投資する際のリスクも高くなります。リスクが高い分だけ「プレミアム」と言って、投資することによって得られるプラスアルファのリターンも大きくなるのです。

より具体的に言うと、たとえば新興国の株式市場は、株価が非常に乱高下します。なぜかと言うと、市場に参加している投資家の数が少ないからです。資本取引に関する制限もあり、外国人投資家の参加も認められていないケースもあります。さまざまな制限があるため、市場参加者が少なく、取引量が小さくなります。取引量が少ないと、そこにちょっとした売りものや買いものが入ってくるだけで、価格が乱高下してしまいます。

このように、価格が乱高下する市場を投資対象にしたとき、まと

つまり、入るのが容易でも出るときが大変かもしれないということですね。

まった資金でタイミングを図って投資するのは、非常に危険です。買ったところが天井だったりしたら、その後、暴落に直面し、多額の含み損を抱えることになるでしょう。

このように、変動の激しいマーケットに投資する場合は、まさに長期投資が適しています。それも、積み立てていくことをおすすめします。毎月、定期的に一定金額で買い続けていくと、高値をつかむこともありますが、底を買える場合もあるからです。結果的に、購入単価が平均化されるため、一括で投資する場合に比べると、ストレスも少なくて済みます。

加えて、新興国に投資する場合はコストにも注意するようにしましょう。というのも、新興国に投資する投資信託などは、全般的にコストが割高の傾向があるからです。販売手数料だけで4％近くを取られ、かつ年間の信託報酬が2～3％というのでは、いくら高いリターンが得られたとしても、コストで持っていかれてしまいます。ですから、新興国に投資する場合は、長期で積立投資をすることと、コストに注意することを心がけるようにしてください。

【中野】

新興国投資は魅力的だけど、総資産の一定割合に抑えておいたほうがいいですね。

THEMA 11

外貨は持っておいたほうがいい？

外貨を持つ意味はあります。特に、1ドル＝80円、90円前後の円高局面は、外貨を保有するうえで絶好のチャンスです。

外貨といっても、さまざまな国があり、さまざまな通貨がありますから、何をセレクトするかという点で迷う人もいるでしょう。ざっくりですが、次の観点で4つの通貨を持つのがいいと思います。

①米ドル……基軸通貨なので、これを持つのはマスト。

②ユーロ……ユーロ危機などの問題はあるが、米国に次ぐ規模の経済圏であり、第二の基軸通貨。

③豪ドルやカナダドル……高金利な資源国通貨。

④アジア通貨……これからの成長が期待できる地域の通貨。

外貨に投資するならば、米ドルは最も投資しやすいと思います。外国為替市場において、米ドルの取引量は非常に多く、いつでも取引できるからです。なかには、ほとんど外国為替市場で取引が行なわれていない通貨もあるのですが、この手の通貨は、為替レートの値動きが荒く、取引しにくい側面があります。この点、米ドルは取引量そのものが非常に多いので、為替レートも安定しています。

ただ、ユーロもそうですが、現状、金利水準が非常に低いため、金利面での魅力がほとんどありません。なので、これに高金利通貨を加えます。具体的には、先進国の仲間でありながら、相対的に金利水準が高い豪ドルが有力候補です。金利が高いうえに、今後、資源が今以上に重要になってくることを考えると、投資対象としての魅力もあります。同じく資源国通貨という点では、豪ドルほど金利水準は高くないけれども、カナダドルを候補に入れてよいでしょう。

そして最後にアジア通貨ですが、これは新興国投資のメリットを活かすためのものです。先進国に比べると、経済水準自体はまだそれほど高くありませんが、たとえばインドネシアやベトナムなどのアセアン諸国や、中国、インドなどのアジア各国は、これから高い経済成長が期待されます。かつて日本が、終戦後、1ドル＝360

円からスタートして、1ドル＝77円台まで円高が進んだことを考えると、これから新興国も経済発展にともなって、通貨が上昇する可能性を秘めています。

ただし、米ドルやユーロ、豪ドル、カナダドルなどは、どのような金融商品でも比較的簡単に投資できますが、アジア通貨をはじめとする新興国通貨の場合、投資する手段が限られるという点に注意が必要です。具体的には、株式や債券などを通じて、この手の通貨に投資するのがよいでしょう。

では、実際に投資する場合、為替のリスクをどう考えればよいのでしょうか。たとえば1ドル＝１００円でドルを買った後、1ドル＝80円まで円高が進んだら、20円分の為替差損が生じていることになります。もし、1万ドルのポジション※を持っていたとしたら、１００万円が80万円になり、20万円の損失が生じることになります。

ニュースなどでも報じられているように、為替レートは時々刻々と変化しています。それを見ていると、やはり外貨には投資しにくいという印象が強まりそうですが、その場合の「心の逃げ」として、

【ポジション】
自分が置かれている状況のこと。為替の場合、外貨の買いポジション、売りポジション、そのいずれでもないスクエアという3つのポジションがある。

もし円高になったら海外旅行などで使えばいいという考えを持っておくと、外貨投資へのアレルギーもなくなります。最近は海外の銀行などに設置されているATMで、自由にその国の現地通貨でキャッシュを引き出せます。

また、円高による為替リスクと裏腹になりますが、日本の未来を考えると、逆に外貨を持たないことがリスクになる恐れもあります。それは、急激な円安に伴うインフレリスクです。日本のように資源や食糧の多くを海外からの輸入に頼っている国では、円安が進むと、それが輸入品の円建て価格を押し上げることになります。円安によるインフレが加速したとき、資産がすべて円建てだったら、実質的に資産の価値は目減りしていきます。価格は下がらなくとも、物価との見合いによって、お金の持つ価値が低下してしまうのです。

大事な資産をこの手のリスクに晒さないようにするためには、資産の一部を外貨で保有するのが一番です。当然、すべてのリスクをヘッジすることはできませんが、一部に外貨建て資産を持っているのと、そうでないのとでは、大きな差が生じてくるはずです。【中野 】

全部円でも全部外貨でも、実はバクチ的です。バランスが大事。

一般に日本人は給料も預金も不動産も円建てですから、外貨資産を分散して持つことは集中リスクを軽減させる効果がありますね。

THEMA 12

国際分散投資は効果があるの？

国際分散投資については、よく聞かれる質問のひとつです。

一般的には、国際分散投資にはリスク分散効果があると言われています。分散投資というのは、要は「ひとつのバスケットにすべての卵を入れるな」ということです。卵をひとつのバスケットに入れた後、そのバスケットを床に落としてしまったら、すべての卵が割れてしまいます。でも、複数のバスケットに分けて入れておけば、どれかひとつのバスケットが床に落ちたとしても、他のバスケットに入れた卵は割れずに済むということです。

たとえば、1000万円をひとつの会社に投資したとします。その会社が倒産したら、1000万円はすべて失うことになります。

でも、1000万円を10万円ずつに分けて、これを100の会社に投資した場合、仮に1社が倒産したとしても、その影響は100

分の1で済みます。つまり、ポートフォリオに与える影響は、ごく小さくて済むわけです。投資する先が100もあれば、そのうちひとつは必ず調子が悪くなるところが出てきます。なので、絶対に損をしたくないという人の場合は、分散投資をすると、むしろストレスが溜まるでしょう。何しろ、投資している先のどこかは、必ず損が生じるのですから。

したがって、分散投資をする場合は一つひとつの損益を見るのではなく、ポートフォリオ全体の損益を見るようにする必要があります。ポートフォリオの中身を一つひとつ見ていけば、当然ですが、でこぼこが生じます。それを是とするのが分散投資です。むしろでこぼこがなければ、分散投資効果は得られません。ポートフォリオに組み入れているすべての投資対象が同じ方向で動いたら、確かに大きく儲かるかもしれませんが、逆に損失も大きくなります。

なので、分散投資を行なうときは、なるべく値動きの方向性が異なるもの同士を組み合わせるようにします。

国際分散投資というのは、日本にだけ投資するのではなく、米国

ポートフォリオとして管理するコツは、よいものも悪いものもあって当然という割り切りです。

「グローバル」という観点を持つのであれば、完璧主義はあり得ないということですね。

や欧州、新興国というように、異なる国・地域に投資するという考え方です。日本経済の調子が悪くなったとしても、米国経済の調子がよければ、分散投資効果が得られるという考え方です。

ただ、国際分散投資は常に万能というわけではありません。時には、分散投資効果が得られないケースがあります。たとえばリーマンショックのように、世界的なショックが生じたようなときは、さすがに分散投資効果も期待できません。というのも、すべての国の株価などが下げてしまうからです。

どうしてこのような現象が生じるのかというと、投資している人たちが、同じような行動を取っているからです。皆、リスクを軽減させるために分散しているのですが、一度、リーマンショックのような、大きな下落に直面すると、一斉にリスクを下げるため、持っている株式などを売ってくるため、すべて下がってしまうのです。

このように、ひとつの国で大きなショックが起こり、その影響が他の国にもどんどん波及していくことを「コンテージョン」、つまり感染と言われています。特に昨今のように、グローバル化によっ

でも、リーマンショックのような異常な状態は、ずっと続くわけではないんですよね。2008年当時の世界株式の下落はだいたい6割ほどでしたが、2年後にはすべて回復しましたから。極端にいきすぎた相場はいずれ元に回復するものです。

て国同士の関係性が深まっている状況の下では、コンテージョンを完全に防ぐことはできません。

　国際分散投資をする場合、もうひとつ注意すべきことがあります。それは、分散させるのはよいけれども、自分で理解できない、複雑な仕組みの商品には手を出さないこと。たとえば、先物取引やオプション取引を用いて、いつどのようなときにもリターンの実現を目指すといったことを標榜している商品には注意が必要です。

　基本的に、どのようなリスク管理を行なったとしても、マーケット全体が大きく下げる局面では、多少なりとも損失が生じます。そうである以上、なぜ損したのかが直感的にわからないような、複雑な仕組みを持った商品をポートフォリオに組み入れていると、下げた原因がわからず、ストレスにつながります。サブプライムローンを組み入れた仕組み債などは、まさにその典型例です。

　なので、国際分散投資をする場合は、できるだけ単純な商品、つまり上がった要因、下がった要因がわかりやすいものを組み合わせるようにしましょう。

【中野】

「理解」できるものに手をつけて、そうでないものには手をつけないこと！

THEMA 13

ドルコスト平均は効果があるの？

国際分散投資は投資対象を分散させるという考え方ですが、「ドルコスト平均」という運用方式は、時間を分散させる考え方です。

つまり、積立投資の考え方そのものです。常に一定の金額で、同じものに投資を続けていくと、価格が高いときには買える数量が少なくなり、価格が安いときには買える数量が増えます。

これを繰り返していくことによって、全体的に価格が安いときに購入した数量が増え、平均の買付単価を引き下げることができます。

これがドルコスト平均効果の概念です。

ただ、この効果も効く場面と、そうではない場面とがあります。

ドルコスト平均効果が効くかどうかは、スタートポイントとエンドポイントがどうなるのか、そしてエンドポイントに行き着くまでのプロセスがどうだったのかによって変わります。

たとえば、スタート時点に比べてエンド時点の価格が一直線の右上がりで高ければ、積立投資するよりも、一括投資したほうが、はるかに投資効率は上がります。

逆に、ドルコスト平均効果が高まるパターンというのは、スタートポイントから大きく下げて、そこからエンドポイントに向けて上昇していくというケースです。この場合、大きく価格を下げる場面で、より多くの数量を買うことができますから、相対的に安い価格で仕込んだ数量が増えます。

結果、購入単価を下げることができ、その後の上昇局面では、スタートポイントの価格まで戻らなかったとしても、十分に利益を出すことができます。

したがって、ドルコスト平均は効果が得られることもあれば、得られないこともある、としか言いようがありません。大事なことは、こうした仕組みや前提条件をきちんと理解しているかどうか、つまり現在、時代の上げ下げの周期性のどこにいるかという判断ができるかどうかということです。

積立投資をしていれば、ドルコスト平均効果の時間軸の分散によって価格変動リスクが軽減されます。そういう意味では、ドルコスト平均効果をより高めるためには、長期の積立が必要であるということです。

たとえば、日本を代表する株価インデックスに東証株価指数（TOPIX）というのがあります。TOPIXの過去最高値は、1989年12月末の2884ポイントです。ちなみに2012年11月22日時点のそれは776ポイントですから、過去23年間で73％も下落したことになります。当然、バブルのピークのときに投資していた人は、現時点で大損していることになります。

でも、このピーク時から毎月積立投資するという前提で計算すると、過去6回、実は投資した元本を超えている場面があったのです。つまり、株価は大きく下げたけれども、ドルコスト平均効果によって、元本を回復する場面が6回もありました。これは非常に大きな

ドルコスト平均の効果

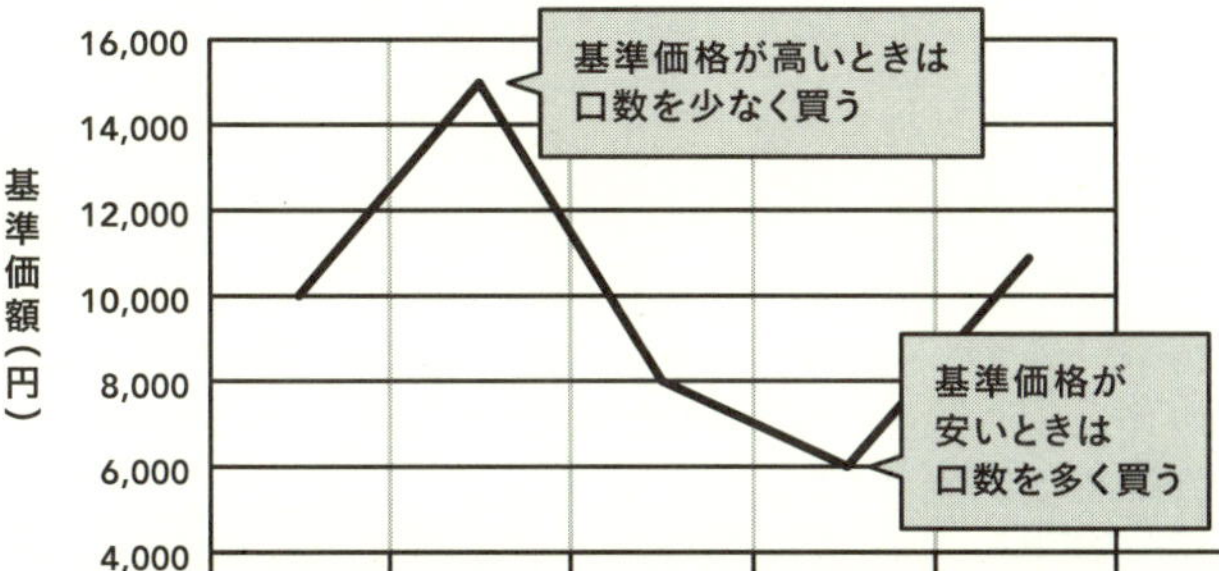

			1カ月目	2カ月目	3カ月目	4カ月目	5カ月目	合計
毎月同じ金額を購入（ドルコスト平均）	10,000円ずつ積立投資	購入口数	10,000口	6,667口	12,500口	16,667口	9,091口	54,925口
		購入金額	10,000円	10,000円	10,000円	10,000円	10,000円	50,000円
毎月同じ口数を購入	10,000円ずつ定期的に購入	購入口数	10,000口	10,000口	10,000口	10,000口	10,000口	50,000口
		購入金額	10,000円	15,000円	8,000円	6,000円	11,000円	50,000円

10,000口あたり9,103円で購入

10,000口あたり10,000円で購入

↓

「ドルコスト平均効果」によって、
基準価額が高いときには少ない口数を買い、
逆に基準価額が低いときは多くの口数を買うことができたので、
10,000口あたりの平均購入額は毎月同じ金額を
購入（積立投資）したほうが安くなった

効果だと思います。

こうした効果を得るためには、投資する時間軸をどれだけ長く取れるのかということにかかってきます。

もし、今からスタートして、エンドポイントが1年後という場合、ドルコスト平均効果がワークするかどうかと言えば、ワークするかもしれないし、しないかもしれないということになりますが、時間軸を10年単位にすれば、ワークする可能性が高まります。ドルコスト平均効果を高めるためには、積立投資と長期投資をセットにして考えていく必要があるのです。


したがって、ドルコスト平均は効果があるのかどうかと問われれば、効果がある場合と、ない場合がある。そして、ドルコスト平均効果をきちんとワークさせるためには、長期で積み立てていくことが前提条件になるということを、しっかり覚えておいてください。

また、それと共に積立を中断しないこと。かれこれ10年は積立をしているのだけれども、途中で面倒になり、2年ほど積立をしていなかった時期があるというようなケースになると、ドルコスト平均効果も半減してしまいます。

ですから、積立投資を始めたら、**とにかく長く続けることを前提にしてください**。そして、そのためには毎月、無理のない金額で積み立てていくこと。その条件さえ満たせば、投資にはつきものの価格変動リスクを、ほとんど怖がる必要がなくなります。

【渋澤】

小さく長くゆっくり、が続けるコツです。

マラソンみたいなものですね。遠い先のゴールに向かって、無理せずマイペースで一歩ずつ進んで行く。そして、下り坂（相場下落）がチャンス。

METHOD FOR GROWING MONEY

WE ARE SOUSHOKU TOUSHITAI

豊かな人生を送るために切っても切り離せない、お金のこと。自己価値を高める、生きたお金の使い方について考えます。

STEP 4

お金に困らない人生を手に入れる！マネー力の鍛え方

THEMA 1

節約はすべき？

お金を貯める方法のひとつに、節約がありますね。節約するのはよいことだと思います。ただ、日本人の言う節約には、とにかく何もせず、じっと息を潜めて家の中に引きこもっているというくらいのイメージがあります。つまり何もしない、ということ。

そうではなく、無駄なお金を使わないという意味においての節約は、非常に大事なことです。

今、振り返れば、80年代後半のバブル期には、ずいぶんと無駄なお金の使い方をした人もいるでしょう。無駄遣いというのは文字通り、無駄にお金が消費されていきます。生きたお金の使われ方がなされていない。これほど馬鹿らしいことはありません。

お金は、やはりきちんと目的のあるものに使われるべきですし、必要のないものに対してまでお金を使う必要は、どこにもありません。ですから、節約という行為自体はとても大事なことなのです。ただ、前述したように、節約は何もしないということではありません。何でもかんでも、使わないことがいいことのような風潮になると、今度は、誰も何も行動しなくなってしまいます。

確かにお金を使わない生活をすれば、そこそこのお金は貯まるでしょう。しかし、いくらお金が貯まったとしても、それが人とのつながりを全部断ち切っての話だとしたら、そこに何の意味があるでしょうか。親戚の結婚式には一切顔を出さない。友達とも全く飲みに行かない。おそらく、そういう人は誰からも必要とされないでしょう。きつい言い方ですが、そんな人には魅力がありません。

貯め込むだけの節約に狂奔している人というのは、人生を債券のようなものと思っているのでしょう。つまり、元本が殖えるなどということは一切考えない。あくまでも利息が定期的に入ってくるだけという認識です。何の努力もしない人は、自分の付加価値に相当する元本部分はおそらく死ぬまで同じです。そういう人は、入ってくる利息も変わりませんから、その中で少しでもお金を残そうと

人生で何もしないということは罪ですね。

思ったら、ひたすら使わずにせっせと貯めるしかありません。

一方、本当の意味でお金を殖やせる人というのは、自己投資を行ない、自分自身の付加価値をどんどん高めていきます。つまり、元本部分が１００万円だとしたら、それを１１０万円、１２０万円というように高めていけるのです。

そうなると、同じ5%の利回りでも、利息の額はどんどん増えていきます。１００万円に対する5%は5万円ですが、１２０万円に対する5%は6万円です。結果的に、自己投資した分を上回るくらいまで自分自身の付加価値を高めることができれば、自己投資にお金を費やしたとしても、十分に元は取れます。

結局、節約、節約といって、自分でお金を抱え込んでいるような人は、逆にお金を殖やすチャンスを失っていることになります。

しかも、グローバル化が進んだ現在は、何の努力もしなければ、より努力している人たちに稼ぎを奪われることになります。つまり、節約すれば元本を減らさずに済むというのは勘違いで、逆に１００万円だったものが90万円、80万円というように目減りしていく恐れ

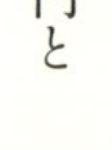

常に自分を高めること。これが生きるということです。

のほうが、はるかに高いと言えるでしょう。

繰り返しになりますが、節約すること自体は、決して悪いことではありません。ただ、何もしない、どこへも行かないという観点の節約は、何の付加価値も生みませんし、社会全体にとってはむしろマイナスです。聞くところによれば、最近は4人家族の食費を2万円程度まで抑えて生活している人もいるそうです。世の中には節約が趣味という人もいますので、そういう人にとっては、節約がまさに人生のチャレンジなのでしょう。私はそれを否定するつもりはありません。何しろ、個々人の価値観の問題ですから。ただ、それが自分にできるかと言われれば、できないという前にやりません。

お金をお墓にまで持って行くことはできません。お金は、使わずに貯めていけばいくほど、今度はいざ使おうと思っても、使えなくなってしまいます。結果、大金を抱えたまま天国に召されてしまうことにもなりかねません。ただ節約して、貯蓄するだけの人生に、何の意味があるのでしょうか。節約という言葉の意味をしっかり考え、生きたお金の使い方をマスターするべきです。

【藤野】

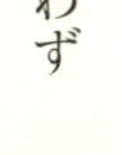

節約というと、使うお金を減らすことのように思われていますが、全員がそれだけに勤しんでいたら間違いなく経済は大衰退するでしょうね。自分にとっても経済活動にとっても生きたお金になるような使い方をしたいものです。

THEMA 2

自己投資って、何をすればいいの？

本書では繰り返し、「自己投資」という言葉が出てきました。

自己投資にはさまざまな方法があって、何がベストかというのは人によって異なります。いろいろな人がいろいろな未来を持っている。自分のあるべき未来に向かって、人生をデザインするというのが、自己投資の本質です。

資格を取るというのもそのひとつですし、語学力を身につけるというのも、グローバル化が進む時代においては大切なスキルのひとつです。あるいは商売について学んだり、人的ネットワークを広げたりしてもいいでしょう。

特に30代、40代になって新しい仕事を探す場合は、ハローワークや求人雑誌に頼るよりも、自分の人的ネットワークからの紹介で仕事を探したほうが、はるかに有利です。

自己投資は、大きな「配当」が期待できますね。

ここまで申し上げると、皆さんも何となくわかってきたのではないでしょうか。お金儲けのスキルを高めるのも大事ですが、私たちが生きていくうえでまず強化しなければならないのは、それ以上によいパートナーを得る、あるいはよい友人を得るということに尽きるのだと思います。そこをしっかりと作り上げていくことによって、自分自身の金銭的な資産も充実していくはずです。

お金持ちの話を聞いたり、読んだりすると、彼らがいかに人とのつながりを大事にしているかということがわかります。お金持ちの人たちは人間関係を築くうえで、生きたお金の使い方をしています。お金持ちほど、人に対して大盤振る舞いをする傾向が一般的に見られますが、あれは見栄を張っているわけではありませんし、使い切れないほどお金が余っているからでもありません。なかにはそういう人もいるのかもしれませんが、基本的に「金は天下の回りもの」ということを、よくわかっているからなのです。

ちょっといやらしく聞こえるかもしれませんが、人は誰かからおごってもらうと、その人に対して若干の負い目を感じたりします。

逆に言えば、人におごることによって、自分の立場を優位にすることができます。また、おごってもらった人は、それを恩に感じることもあるでしょう。結果、おごったことが回り回って、最終的には自分のところに返ってくるということを、お金持ちの人たちはわかっているのです。

それとともに大事なことは、やはり自分自身の価値を高めるということです。稼げるようになるためには、自分自身の価値を高めなければなりません。

では、自分の価値を高めるというのは、いったいどういうことなのかというと、それはより多くの人の役に立つ人間になることだと思います。よく自分の価値を高めるために資格を取得する人がいます。それはそれで、もちろん大事なことですが、より本質的に大事なことは、資格を取ることではなく、取得した資格をいかにより多くの人のために使うかということなのです。

より多くの人の役に立つことができれば、結果的に仕事がどんどん増えていきます。そうなれば、自然とお金を稼げるようになりま

「利他」に時間軸が加わると、「利己」につながりますね。

すし、最終的にはお金も貯まります。逆に、あまり人の役に立てなければ、補助的な仕事しか回ってこないので、お金を稼ぐことはできません。

人生を豊かなものにするという観点で考えると、お金を稼ぐことに直結していないけれども、映画を見る、読書をする、写真を撮影する、旅に出るなども自己投資のひとつです。そうすることで知識や教養が身につき、そこから得た経験を元にして、他の人の価値観に刺激を与えていく。仲間を作ったり、人的ネットワークを広げたりすることもできるし、回り回ってお金を稼げるようにもなるかもしれない。こうして、自分をよくすることが、社会全体をよくすることにもつながっていく。これが、自己投資の究極的な目的です。

自分がどうやったら人の役に立てるのか、周りの人たちを喜ばせることができるのか、ひいては、社会を喜ばせることができるのかということを、まず考えてみるべきでしょう。結局のところ、この点からも、自分でお金を抱え込んでいる人は、チャンスも広がらないし、抱え込んでいる以上のお金は殖えないということになるのです。

【藤野】

なるほど。自己投資ってお金を使うことだけじゃなくて、時間や知恵、エネルギーなど自分の持ついろんな資産を活用して、経験や成長といったリターンを得るための行動ですね。

THEMA 3

稼ぐ力を鍛えるためには、どうすればいいの？

繰り返しますが、人生の中で、一番大事な投資とは、自分に対する投資です。それによって、自分自身の市場価値を常に高めておくことが、稼ぐ力を鍛えることにつながります。

市場価値というのは、社内における自分の存在価値とは違って、社外も含めて多くの人が認める価値ということです。

したがって自分の市場価値を高めておけば、不幸にして自分が今、勤めている会社が倒産してしまったとしても、あるいは業績が悪化してリストラの対象になってしまったとしても、他の会社が採用してくれます。

特に年齢がまだ若いうちであれば、ほぼ確実にどこかの会社が拾ってくれるはずです。でも、年齢が50代に近づくと、どんどん再就職市場は狭き門になります。年齢が高いと、給料もそれ相応に高くせざるを得ない。同じ実力の持ち主ならば、年齢はできるだけ若いほうが採用しやすいというのが企業側の偽らざる気持ちでしょう。

　自分の年齢が上がっていくに従って、自分の市場価値というものが、さらに重要性を増してきます。できれば、フリーの立場でも十分に自分の能力を活かして、それをお金に替えることができる、つまり「稼ぎ力」の高い人にならなければなりません。

　では、具体的にどうすれば、自分自身の市場価値を高めることができるのでしょうか？　要は、逆のことを考えればよいのです。つまり、どうすれば自分の市場価値が高まらないのかということを、まず考えてみましょう。答えはすぐに出てきますね。

　全く外に出ずに、自宅の中でじっとしている人は、まず市場価値を高めることはできません。もちろん、パソコンが非常に強くて、ＳＮＳなども十分に使いこなせて、バーチャルな世界で稼ぐ方法を考えることができるという人であれば、それこそ自宅にこもっていても、お金を稼ぐことができるかもしれない。でも、そのような方法で億万長者になれるという人は、それこそ１００万人のうちの数

市場価値とは、相対的競争力のこと。つまり、他者より優れた強みを持つことに他なりません。

人に過ぎないでしょう。

ということは、とにかく自分の部屋から外に出ることを、まず考えるべきです。会社であれば、自分の部署から外に出る。あるいは会社そのものから外に出て、いろいろな人と知り合うということが、自分の市場価値を高めるうえで、とても大事になってくるのです。

これは、お金にも当てはまることです。銀行預金という小さな部屋にお金を閉じ込めていても、何の価値も生み出しません。お金に価値を生み出させるためには、やはり銀行預金以外のところにお金を出してあげる必要があります。

本当の豊かさとは何か。今こそ真剣に考えてみましょう。

たとえば巨万の富を得たとします。あまりにも大金持ちになってしまったので、見たこともない親戚が、どんどん自分の周りに集まってくる。彼らの目的は、あなたのお金です。そうやってお金をせびり取られるのが嫌だから、自分の部屋に閉じこもってしまいました。自分にはお金があるから、誰とも話などしなくてもいい。こうして暮らしているうちに、そこで死にました。

　これで本当に豊かな人生だったと言えるでしょうか？

　それよりも、お金はたくさんはないけれども、家族や友人に恵まれて、いろいろなことをやって亡くなったほうが、はるかに豊かな人生だと言えるのではないでしょうか。

　お金は、自分の墓場まで持って行くことはできないのに、世の中の多くの人は、とにかく将来が不安だと言って、貯蓄している。それも、貯めることが目的の貯蓄です。それで、90歳になって1億円が貯まりました。社会人になって会社に勤めてから68年。年金受給者になってからも、ひたすら年金の一部を貯蓄して貯めた1億円。でも、それが貯まった途端、その人は亡くなってしまいました。So what? というわけです。

　お金も、自分自身も、とにかく外に出ること。そうすれば、自分自身の市場価値も高まり、自然と「稼ぎ力」は身につきます。

【渋澤】

THEMA 4

失業に備えるためにはいくらお金を持っていればいいの？

失業に備えるとしたら、やはり1～2年は仕事をしなくても済むだけのお金は、作っておいたほうがいいでしょう。

ただ、これも考え方次第です。つまり、自分が失業した場合に備えて、ただひたすらお金を貯めておくというのは、何となく非建設的な感じがしませんか？　もちろん、それもリスク対策だと言えば、それはそれでよいことなのかもしれませんが、何事もバランスが大事です。とにかく失業して無収入になるのが怖いからといって、ただひたすら貯蓄に励むという姿は、どことなく滑稽さが漂います。

特に、年齢がまだ若いうちからその手の心配ばかりをして、自分の市場価値を高める努力もせず、ひたすら月々の給料から爪に火を灯すようにしてお金を貯めているというのは、滑稽さを通り越して、怖い感じもします。

確かに、今の日本はいつ仕事を失ってもおかしくない、厳しい雇用状況にあります。大企業といえども、かつてのように年功序列賃金や終身雇用制を維持する努力をしているところは、ほとんどないでしょう。「サラリーマンは気楽な稼業ときたもんだ」というのは、完全に過去の話になっています。なので、どうしても失業への備えとして貯蓄に励みたくなるのでしょうが、それよりも、自分自身の稼ぎ力を高めたほうが、やはり建設的です。

逆に、いくら2年間の稼ぎを貯蓄できたとしても、自分自身の市場価値を高められなかった人というのは、2年が過ぎても再就職できないかもしれません。そうなったら、いくら2年間の稼ぎを貯蓄したといっても、いつかその蓄えは底を尽くことになります。

全くお金がなくなり、しかも再就職もできないということになったら、それこそ生活保護に頼らざるを得なくなります。

そのような事態に陥らないようにするためにも、自分の市場価値を高める努力を続ける必要があるのです。

逆説的ですが、日本はなんだかんだ言っても、セーフティネットがしっかりしています。突然失業しても、失業保険制度が整備されていますし、生活保護を受けながら再起を図ることもできます。だから、万一に怯えて縮み込むよりも、「最悪でも生きていける」と前向きに捉える姿勢が大事！

もうひとつ、失業に備えるために副業を持つという考え方もありますが、これもケース・バイ・ケースだと私は思っています。

昼間は会社で働き、夜はコンビニでアルバイトをするという生活をしている人も、なかにはいるでしょう。でも、これは何の役にも立ちません。

確かに、キャッシュフローの観点からすれば、目先的には自分自身の身入りを殖やすことができます。ただ、深夜にコンビニエンスストアでアルバイトをすることが、自分の市場価値を高めることにつながるかと言われれば、それは「ノー」だと思います。

睡眠時間を削って働けば、本業がおろそかになりますし、本業で失敗続きの人間は、確実に自分の市場価値を下げることになります。

もし失業に備えるのであれば、このような目先のキャッシュフローを改善しようと努力する前に、自分の市場価値を高める努力をするべきでしょう。まだ若いうちであれば、なおのことです。

これは提案ですが、お金を貯めることに執心するのではなく、人脈を広げることに注力したほうがいい。それが究極の失業対策にな

じゃんじゃん人付き合いにお金を使え！　というわけではなくて、あくまでも、何事も適切にということですね。

ります。

人脈を広げるにもポイントがあります。よく、友達の数だけはやたら多いという若い人を見かけます。要は、自分と同じ世代の人ばかりと付き合っている人たちですが、これもあまり意味がありません。

そうではなく、自分と違う世代と付き合うようにするのです。それは、上の世代、下の世代の両方です。そして、それと共に異業種の知り合いを増やしていきます。

同業者で同世代の人との付き合いは、確かに楽しいかもしれません。お酒を飲んでドンチャン騒ぎというのも、自分と価値観が近い人だからこそ、盛り上がるという面もあるでしょう。

でも、それは将来価値、市場価値を高めることにはつながりません。やはり上の世代の人と付き合っていれば、どこかで自分を引っ張り上げてくれるかもしれませんし、下の世代を見れば、自分はもっとしっかりしなければという気持ちになるでしょう。

そういう人脈、人間関係を構築することが、自分自身の市場価値を高め、失業に備えることにもつながっていくのです。

【渋澤】

THEMA 5

定年になっても貯蓄がなかったら？

これはもう「出家」するしかないでしょう。

いや、冗談です。でも、定年を迎えたときに何も蓄えがなかったとしたら、本当に稼ぐ力を持っていないと、大変なことになります。

定年になった時点で退職金が入ってくると思っていても、最近は退職金の額自体も減っているようですし、ある程度、現役時代の生活水準を維持していこうと思ったら、退職金と公的年金だけでは足りないでしょう。

これは余談ですが、退職金は、サラリーマンにとって一時的に最も預金通帳の額が増えるときでしょう。ここで魔が差してしまうケースが、実は結構あります。退職金の使い道、計画などをしっかり立てずに、ただ大金が転がり込んでくると、気持ちが大きくなるのか、あらぬものに投資してしまったりするのです。

退職金が入金されると、銀行や証券会社の営業担当者が、「このファンドを買いませんか」と、連日のように営業してきます。そのとき、言われるままに投資信託などを買っていたら、とんでもないことになります。なかには半分まで減ってしまい、さあどうするということになる人もいます。

貯蓄がほとんどなく、退職金を上手に殖やして長いセカンドライフに対応しなければならないのに、退職金の運用に失敗して、いきなり半分にまで減ってしまったら、それこそ人生設計そのものを見直さなければならなくなります。定年を迎えるときに貯蓄がほとんどなく、退職金に頼らざるを得ないという人ほど、運用には慎重を期する必要があります。

さて、退職金もほとんど期待できないという場合は、どうすればいいでしょうか？　定年時点で蓄えがほとんどなく、退職金もごくわずか。決してレアケースではありません。たとえば、自分が定年近くになり、自分の両親の介護に多額のお金がかかってしまったら、貯蓄のほとんどを使い果たしてしまうでしょう。子供の教育費にもお金がかかりますし、家を買ってしまったら、そこに住宅ローンの支払い負担も加わります。退職金の一部で住宅ローンを完済したら、残りはもうごくわずかという人もいるでしょう。

定年を迎える時点で貯蓄がほとんどなく、退職金もあてにならないという人は、意外と多いと思います。だからこそ、自分の稼ぎ力を高めておく努力が必要なのですが、それと共に、自分の健康に対する投資をきちんと行なうことです。

いくらコツコツと積立投資をしていたとしても、毎日ジャンクフードを食べているような生活を送っていたら、途中で病気になってしまいます。それも、風邪を引く程度ならよいのですが、生命に関わるような重病になったら、入院や手術にかかるお金だけで、これまで積み立ててきた資産がすべて失われることにもなりかねません。

健康も、資産育成と同じで、積み立てていくというイメージがあります。何か対策を打って、劇的に健康になるということなど、まずあり得ません。日頃から食生活に注意して、睡眠もきちんと取り、運動不足にならないようにスポーツもする。こうした努力を日々、積み重ねることによって、初めて健康が維持されるのです。

定年になったときに、何も蓄えがない。退職金も期待できない。公的年金の受給額は実質的に下がるばかり。こんな状況に直面しても、きちんと生活を維持できるようにするために、まずは自分の健康に投資をしていく。そのうえで、自分の市場価値を高めていく。こうした努力が必要です。そして、その努力は定年間際になってから始めようとしても、大概は手遅れです。やはり若い頃からの積み重ねが物を言います。

それは、お金に対する知識も同じです。自分の身体を使って働くのが難しくなってきたら、やはりお金に働いてもらう必要性も出てきます。自分のお金にしっかり働いてもらうためには、やはりお金の知識が必要です。こうした知識も、一朝一夕には身につきません。手にした退職金で大きく投資をし、それに失敗して身動きが取れなくなるよりも、若いうちから小さな失敗を積み重ねていったほうが、将来的には役に立ちます。そのためにも、やはり若いうちから投資によって、「資産育成」を行なっていく意味があるのです。【渋澤】

コツコツ長く続けることは意外に難しいことですよね。でも、資産育成も健康管理も、たとえ三日坊主になったとしても、再開することが大事だと思います。

これからは、定年退職した後、年金がもらえるまでの空白期間が生じることを覚悟しておく必要があります。そのときになって慌てても遅いのです。

子供に財産を残すべき？

THEMA 6

読者の皆さんの中には、すでにお子さんをお持ちの方もいらっしゃるでしょう。

子供に財産を残すべきかどうか、ということですが、残す必要はどこにもないでしょう。……などと言うと、昭和レジームを引っ張っている世代からお叱りを受けてしまいそうですが、自分の財産を子供に残す必要性は、本当にないと思います。子供は子供で、自立して生活していけばいい。最初から親の財産をあてにするようなことではいけません。

でも、私たちがひとりでも多く長期投資仲間を増やそうとして、日本全国を歩いているのは、そうすることによって、よりよい社会を、自分たちの子供たち、あるいは孫たちに残していきたいという想いがあるからです。つまり、個々人が自分の子供に財産を残すのではなく、子供たちによい社会を残すことを、一緒に考えていきたいと思っているのです。

実は、典型的な個人主義者の集まりと見られている米国人は、結構、この考え方を持っていて、その根底には、「自分たちの拠って立つ社会がよくならなければ、自分たちの幸せもない」という発想が、きちんとあります。

一方、今の日本人の考え方がどうかというと、社会全体はどんどん悪い方向に進んでいる。で、その社会をよくしようという考えがほとんどないまま、自分だけ、もしくは自分の一族だけが何とか逃げ切れればいいと考える人が、とても多いように思えます。

これは、まさに自己保身の発想以外の何者でもありません。自分の子供に財産を残してやろうという考え方からは、どことなく、自己保身の匂いがしてくるのです。自己保身はお金の抱え込みにつながるので、決していい社会を創ることにはつながりません。

私のアイデアとしては、相続税率１００％！（笑）つまり、子供に財産を相続すると、その１００％が税金として国に取られてしま

生前贈与を低コストでできるようにしてもいいですね。若い世代の人のほうがよりお金を使いますから。

うというものです。

これには賛否両論いろいろあると思います。子々孫々にまで財産を残していきたい、あるいは先祖代々からの土地を守って生きている人たちにとっては、これほど脅威の税制はないでしょう。

でも、こうしてでもお金が動く仕組みを作り上げていかないと、日本経済は立ち行かなくなります。

どうですか？　もし、相続税が100％だったら、どういう行動を取ろうとしますか？　海外に資産を逃がすというような、脱税まがいの話は抜きにして考えたいと思うのですが、おそらく、そのときに人々が取る行動は2つだと思います。

ひとつは使ってしまう。税金に持っていかれて自分の納得がいかないような使われ方をするのはまっぴらごめんと思っている人は、何とかして自分が生きている間に財産を使い切ろうとするでしょう。

でも、お金持ちになればなるほど、残念ながら、使い切ることはできません。いくら無駄遣いをしようとしても、人が無駄遣いできる範囲など、たかが知れています。そうなると、どうしても使い切

私は、相続税で子供が実家に住めなくなる制度は反対！　でも、現金だったら財産の100％を相続税として取られてもいいと思います。

れない財産が出てくる。これをどうするかというのが2つの選択肢です。私は、自分が納得できる使い道をしてくれる団体などに寄付してしまえばいいと思っています。そうして、世の中に広く、お金が回るような仕組みを作れば、経済は活性化されていきます。

　これは、今の時点である程度の資産を持っている人に、ぜひとも考えてもらいたいのですが、あなたはなぜ、そこまでお金持ちになれたのでしょうか？

　それは、自分のアイデアを世に問うた結果、世の中の人たちがたくさん、そのアイデアに賛同してくれ、お金を払ってくれたからです。もちろん、あなた自身の努力、アイデアによる部分もありますが、結局のところ、世の中の人々の支えによって、自分の資産を築くことができたわけです。

　それならば、今度はあなたが社会に対してお返しをする番です。何か明確に自分の資産を使う方向性が見えているならば、それに関係する団体に寄付するのもいいですし、全く方向性が見えないのであれば、どうなるかはわかりませんが、税金として国に使ってもら

リターンとは、「お返し」のことですね。リターンの循環が世の中を豊かにします。

うという選択肢を選ぶこともできるでしょう。

お金というのは、動けば動くほど元気になります。そして、それが経済を支える原動力になります。だから、ひとりで抱え込んではいけません。

そして、どこに行ったら、お金はニコニコしながら働いてくれるのかということを常に考えながら、お金の使い道を考えるようにしましょう。それは、決して子供に財産を残すというレベルの話ではありません。

【中野】

METHOD FOR GROWING MONEY

すべてを損か得かで判断するのではなく、
自分の人生とお金のバランスを取りながら
生きていく、資産育成のすすめ！

EPILOGUE

お金との付き合い方を変えると、人生が好転していく

損得思考から抜け出そう

中野　結局、皆さんがお金のことになると不安になるのは、何でもお金をベースにして考えようとするからではないのかな。これをすることが自分にとって損なのか、得なのかという判断基準しか持っていないように見えることがあります。

藤野　それは同感。すべてを「損得思考」だけで判断しようとすると、何でも金銭をベースに考える無限ループに陥ってしまう。

中野　なので、損得思考から解き放たれることが、豊かな人生作りにおいては絶対に必要だと思います。

渋澤　持ち家を買うのって損なの？　それとも得なの？　結婚するのって損なの？　得なの？　自動車を買うのって損なの？　得なの？……まあ、挙げていけばキリがないよね。具体的に、こういったいくつかの点についての損得を、ちょっと考えてみます？　そう

すれば、損得思考から解放されるための方法も見えてくるかもしれない。

持ち家は損？ 得？

中野 じゃあ、持ち家から考えてみましょうか。

編集T 土地の値段が下がっているから買いどき、つまりお得ということでしょうか？

中野 う～ん、でも、土地の値段って、下がるときもあれば上がるときもありますよね。これに対して家賃って、ほとんど一定。つまり安定性という点では、賃貸のほうが優れています。しかも、持ち家を買うと、ポートフォリオに占める不動産の比率が大部分を占めるようになりますよね。それも価格が常に上下する。非常に不安要素になるような気がします。つまり、不動産を持つことのほうが、価格変動性が高くなるから、リスクも大きくなるということです。賃貸のほうがいいじゃないですか。

藤野 いや。ただ、持ち家だったら自分の好きなようにいじれるでしょ。

中野　その付加価値をどう考えるか、ということですね。

藤野　付加価値はあると思いますよ。持ち家を買いたいと希望している人は、経済価値だけではない、別な価値をそこに求めているんじゃないのかな。賃貸のように原状復帰ということを考えなくて済むし、写真も貼り放題、壁に穴を開けても大丈夫でしょ。住む人の個性を反映させるには、やはり持ち家でしょう。

渋澤　持ち家のほうが選択肢は広がるということか……。

中野　でも、賃貸のほうが、自分の好きなところに住めるというメリットがありますよね。これも付加価値でしょ。

藤野　確かに個人のバランスシートは軽くなりますよね。しかも、「引っ越し自由」という行動の自由度を高められるという点は、賃貸の魅力です。

中野　ただ、住むところって、経済合理性だけで考えられない部分がありませんか。

藤野　そうですね。

中野　ここに住みたい、あそこで生活したいっていうのは、心の部分、感情などが多分に入ってきますから、経済合理性の観点だけでは、なかなか説明できない部分もあるような気がします。

渋澤　中野さんは、買うと引っ越せなくなると言いたいのだろうけど、米国の場合だと、ここの感覚が違うかもしれない。だって米国人の場合だと、買ったうえで次の物件をどこにするかって考えるから。

つまり、ローンを組んで中古の古い家を買う。そうしたら、その家をリノベーションするなど価値を上げる努力をし、実際に高く評価されたら、そこを売却して、次にもっと高い物件に引っ越すんですよ。

そもそも引っ越すことが前提にあって、どうせ引っ越すなら今よりもいいところにしたいという気持ちがあります。じゃあ、どうするかというと、今の物件の価値を上げれば今よりもいいところに住める、と考えるのです。

中野　それは日本でもできないことではないけれども、日本人の場合、そういう考え方をする人自体がほとんどいない。

結婚は損？　得？

渋澤　家のような大きな買い物になると、家族持ちの場合、自分の判断だけで結論を下すのが難しい。やはり妻の判断が重要です。家や車など大きな買い物の判断のカギを妻が握っている家庭は少なくないはず。そうなると、持ち家を買うのが得か損かの前に、結婚は得か損かということを考える必要があったりして。

中野　編集T世代で言うと、持ち家を買うかどうかの判断は、何によって下すの？

編集T　それは、やはり得か損か、ということに尽きるような気がします。

中野　そこで言う損得って、やはり金銭的なもの？

編集T　そこはちょっと漠然としているのですが、金銭面での損得って明快じゃないですか。30代前半だと、まだ自分の中で人生における価値基準というものが定まっていないから、どうしてもわかりやすい判断基準に頼ろうとするのかもしれません。そうなると、やはり金銭的な基準が最もわかりやすいわけで。

渋澤　でも、金銭的に考えれば考えるほど、夫婦のコミットメントが重要になってきますよね。

藤野　結局、この手の損得って、自分自身の幸せ観がどこにあるのかという価値基準につながっていくものですよね。持ち家を買うのが、あなた自身の幸せになるのかどうか、結婚することが幸せなのかどうか、自動車を持つのが幸せなのかどうか。

そう考えたとき、自分自身で損得を決められる人というのは、自分の中に、しっかりした価値判断基準を持っているからなのだと思うんですよ。逆に、こうした価値判断基準を、第三者から押しつけられていたりはしませんか？　という点に、ちょっと興味がありますね。持ち家にしても結婚にしても、全く検証をせずに、誰かから「結婚するのが幸せなんだ」と思わされている面は、結構ありそうな気がする。

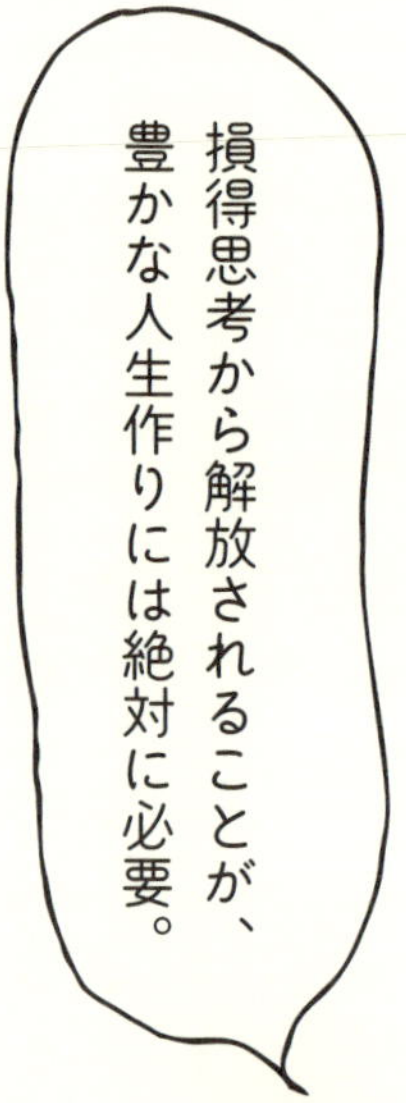
損得思考から解放されることが、
豊かな人生作りには絶対に必要。

中野　それ、とてもあるような気がしますね。親は「結婚して一人前、子供をもうけて一人前、持ち家を買って一国一城の主になって一人前」というように、子供の人生の価値判断基準に、どんどん割って入ろうとする。

渋澤　損得なんて、考えなくてもいいんじゃないの？　結局のところ、何をするにしても、自分自身が満たされるかどうかという問題だよね、これって。結婚して子供をもうけて、家を買うということに満たされ感を覚える人もいるだろうし、全く逆の人もいるかもしれない。

　そこは人それぞれで、もし結婚しているのであれば夫婦のコミットメントが必要になってくるし、結婚している、結婚していないに関係なく、自分の価値基準に沿った生き方をしていくのに必要なお金というものがあるわけで、その必要なお金を育てていくことに、また満たされ感を覚えていく。そういう話だと思う。

中野 なんか、深い話になってきましたね。で、結局のところ、冒頭の話ではないけれども、損得思考から抜け出すことが、幸せな人生を創っていくのに必須という話になっていくわけですね。

「お得」は本当に「お得」なのか？

編集T う～ん、でも、やっぱり得だと思わなければ行動しないんじゃないかなぁ。お金のことについて考えるにしても、将来に向けて貯蓄や投資をするにしても、やはり自分にとって得だという気持ちがなければ、なかなか一歩を踏み出せないです。

中野 でも、単に儲かればいいやという考え方だと、詐欺商品に引っかかったりしますよ。

藤野 資産運用のリターンって、単にお金が殖えるということ以外のものもあると思うんです。たとえば経験を積むことができる、体験できる、知識を得られる、ワクワクする、もしくはがっかりする。これらを全部引っくるめて、資産運用のリターンだと考えています。だから、リターンというものをすべて金銭勘定に置き換えてしまうと、値上がりしなければすべて損だ、ということになるのだけれども、もっと広い目で見れば、リターンはお金には代えられないものも含めて、いろいろなものがあるんだと思います。

お誕生日に、ちょっと素敵なレストランで食事をする。ちょっとリッチなメニューとワインでお食事をするのにお金を払うわけだけれども、それによって得られる体験、ワクワク感というのは、結局のところプライスレスですよね。どこかのカードの宣伝ではないけれども。これって、投資にも当てはまると思うんですよ。

中野 投資というと、金銭的に勝つか負けるかしかないという世界だったわけですが、実はそうではなくて、もっといろいろな体験を積むことができる。そこに別の価値やお得感を見出すことも大事です。

藤野 まさにその通りで、長期的に考えれば、確かにお金が殖えるというのも大事なことなのだけれども、実際に投資を体験することによって、たとえば経済がわかる、長期投資の仲間が増える、セミナーに参加することによって、いろいろな人の話を聞くことができ

る、というように、さまざまな体験価値があるわけ。

これまでの投資というのは、お金が殖えるのか、それとも減るのかということだけを追求してきたわけだけれども、そうではないところに、投資の付加価値を求めることもできるのです。投資において、いわゆるギャンブル的な損得勘定のみで考えるのは、もうやめようよと言いたいですね。

渋澤 そうだね。投資をするのに、「もう少し勉強をしてから」と言う人もいるけれども、知識を蓄積するだけでは、なかなかその先には行けない。つまり実際、投資に踏み切ることはできない。やはり動くためには、そこに何かワクワクするものがない限り、難しいですよね。その意味において、投資をする、しないについても、気持ちに左右される部分が大きいと思います。

で、実際に投資をして損をしたとしましょう。損得勘定だけで行動したとしたら、これほど後悔することはありません。だって、得するために行動したのに、損をしてしまったのですから。

でも、こんなときに損得勘定以外の付加価値を求めて投資していたとしたら、「確かに金銭的には損したけれども、こんな得もあったしな」というように、気持ちの切り替えが容易に行なえるはずです。

中野　「お得」ということを、すぐに数値化してしまいますよね。資産運用の仕事って、基本的には損得で動いているわけじゃないですか。この会社の株式は将来的に大きく値上がりする可能性があるから投資するわけですし、当面期待できそうにない企業の株式は、損失につながらないようにするため、ポートフォリオからはずしますよね。

だから、基本的にはすべて損得で考えている業界ではあるのですが、私自身はこの草食投資隊で全国を回っているうちに、損得だけでは語れないものがあることに気づきました。だって、結構3人ともつらい状態で仕事をしていますよね。もちろん、自分のビジネスが将来、本当に花咲くことがあるのかどうかということもわからない不安に駆られることもあるでしょうし、時間が少ない中で全国を飛び回っているわけじゃないですか。

でも、それでも3年近く、この活動を続けて来られたというのは、今、渋澤さんがおっしゃったように、損得以外の満足感みたいなものがあって、それによってスタビライズ（安定化）されているからなのだと思います。

この間も、新潟までセミナーの仕事で行ったのですが、とてもスケジュールがタイトなわけですよ。大変だったのですが、帰りの新幹線でひとり飲んだビールがとてもおいしかった。それだけで幸せな気分になれるじゃないですか。

金銭面では確かに損をしたのかもしれないけれども、別な面で必ず得が返ってくる。そう思えるようになれば、投資のハードルって一気に下がると思います。

渋澤　だから、お金で買っているものって、結局のところは経験なんですよ。きっと。カメラを買うにしても、それによって楽しみが広がるし、スマホを買うといろいろなことができる。長期投資だって、始めてみればいろいろな体験につながるわけですよ。

だから、お金というのはやはり使うためにあるんです。それを、未来が不安だからといって、すべて自分で抱え込んでいるというのは、人生の中でできる経験を、自ら放棄してしまっているようなものなのです。

中野　いやあ、それこそ大きな損失ですよね。経験すべきことはたくさんあるのに、それを自ら放棄しちゃうんですから。人生なんて、あっという間ですし、二度とありませんからね。本当に、お金を貯めれば貯めるほど、失うものもあるわけです。人生の経験という観点からは、貯め込んだら貯め込んだ分だけ損をしていることになるのかもしれません。

未来がわからないから不安なのか？

渋澤　でも、不安な人って、どこまでたくさんお金を貯めても、やっぱり不安だったりしませんか？

編集T　通帳の数字を眺めながら、「はぁ、貯まらないな〜」の人生。

渋澤　そんな人生送りたくないでしょ。それよりも、70年間、80年間の人生、いろいろな経験を積んだほうが面白いじゃない。

藤野　だから、老後で一番つらいのは、お金がないということよりも、友達がいないことなんだと思います。とにかくお金のことばかりで頭の中が一杯という人が、どれだけ多いことか。

いつもお金、お金で、すべてを損得で考えようとする。それよりも、どうありたいかということのほうが大事で、友達と旅行に行く、恋をする、ギターを弾きたい、歌を歌いたい、気心の知れた人とくつろぎたい、とまあ、いろいろ人生の楽しみはあるわけじゃないですか。そういうことをしていくのに、「いったいどれだけのお金が必要なのか」という発想で考えるべきなのに、「まずお金をいくら貯めればいいのか」という観点ばかりを重視する。

じゃあ、貯めたお金はどうするのというと、結局、この手の人は使うことができずに、ひたすら貯め込むだけなんです。

渋澤　お金の損得よりも、人生の損得を考えたほうがいいんじゃないの。何もお金を使わずにじっとしていれば、確かにお金を損することはないけれども、人生においては経験が全くないわけだから、それは損以外の何者でもない。

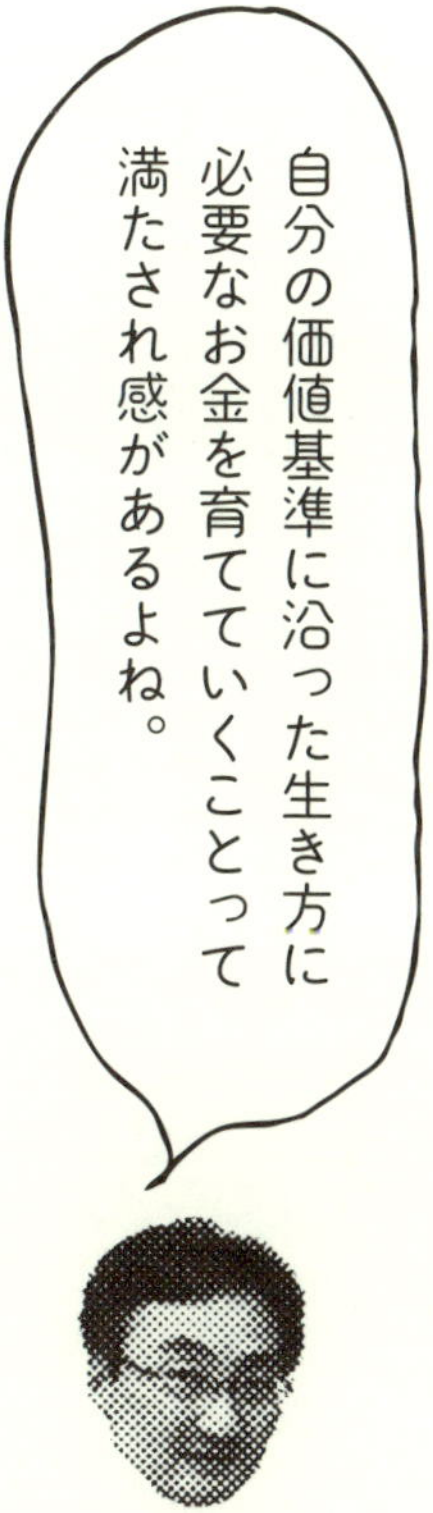
自分の価値基準に沿った生き方に必要なお金を育てていくことって満たされ感があるよね。

中野　「お金を殖やす」ということばかりにフォーカスしてしまうと、お金を抱え込んでしまうし、投資をする目的も、あまりにも数字にこだわってしまうと、ちょっとうまくいかなかったりしたとき、すぐに心が病んだり、疲れたりしてしまいます。
「いくら貯めなきゃ」というように、ギチギチに考えるのではなく、自分の未来を信じて、お金を育てるという行動に踏み切ったということであれば、もうそれで十分なのです。

渋澤　人生なんて後戻りはできないのだから、とにかく先を見て、自分や子供、孫たちの未来が少しでもよくなるようにお金を使うことのほうが、はるかに重要です。

編集T　でも、未来って、何も見えないからこそ不安に思えるんですよね。

渋澤　未来のことは誰にもわからないし、実際、5年後、10年後の未来がどうなっているのかなんて、今、予想したとしても、まず当たりません。当たらないのであれば、悲観的に考えるよりも、やはりポジティブに考えたほうが得ですよ。自分の意思を強く持てば、もっと前向きに物事を考えられるようになるはずです。

中野　損得で物事を判断するというのは、受け身の姿勢だからです。流れに任せた結果、損をした、あるいは得をした、という話になるわけですよね。でも、そこには自分の意思が全く含まれていない。自分の意思と行動と努力と想いによって、自分が考えているいい世の中に少しでも近づけるようにしていこうとするのが、本来の行動のあり方です。

　すべてを世の中のせいにして任せてしまうという受け身の発想でいる限り、自分の人生作りを自分の意思で行なうことはできません。

編集T　う〜ん、確かに受け身でいる限り、投資をして損をしたら他人のせいだと思うでしょうから、そこから行動を起こす気にはなりません。そうなると、長期的にお金のことを考えて、自分の人生とお金の関係のバランスを取りながら生きていくことも無理ですね。

渋澤　未来は不確実なものだから、損も得もあって当然ですし、人間は未来に向かって生きているのだから、少しでもその未来をよくするために、自分の意思で行動をすることが大事です。

　投資というのは、まさに意思の反映であって、自分が思う未来にしたいという気持ちを込めて、何にお金を投じればいいのかを判断するわけです。預貯金のように、自分の意思とは全く関係のないところで、お金の配分が決められているわけではありません。資産を「育成」していくためには、自分の意思を反映した投資という行為が必要になります。

中野　「資産形成」より「資産育成」のほうが、自分の意思が入っているという感じがしますよね。

渋澤　よく考えてみてください。育つということは、常に不安と背中合わせになっていると思いませんか？

小学生の頃、中学校に行く年齢が近づいてくると、不安に思ったりしたでしょ。これって、どのステージでも同じで、新しい世界に出ていこうと思ったら、常に不安なんです。でも、こうした不安を乗り越えていこうとするからこそ、そこに新しい出会いがあって、友達も増えるわけです。これは、人間が育っていく過程もそうですし、資産育成の過程も同じだと思います。

藤野　注意しなければならないのは、最初に自分でギチギチのプランを作って、そこからはずれたとき、ものすごい焦りを感じるというケース。

よくお金の本などで、ライフプラン表を作って、そこに「何歳までに何があって、それにかかるお金はいくら」などと書き込んでいくものがあるのですが、基本的に未来のプランなんてわかるはずがありません。たとえ、そこに示した計画通りに物事が進まなかったとしても、あまり気に病む必要はないのですが、どうしても焦りや不安が先に立ってしまう。そういう人って結構多いと思います。

でも、このような焦りが生じれば生じるほど、その人自身の魅力みたいなものも、どんどんなくなっていきます。

やはり輝いた人生を送るためには、とにかく自分のやりたいことにどんどん挑戦していく。追求していく。結果はおのずとついてくるというくらいの感覚で、事前にプランを綿密に立てることよりも、まずは行動してみるということのほうが大事。確かに不安かもしれないけれども、結果的に、そのほうが満足度は高い。

お金の不安を取り除くたったひとつの方法

中野　不安を「悪」と捉えるから、ダメなんじゃないですか？

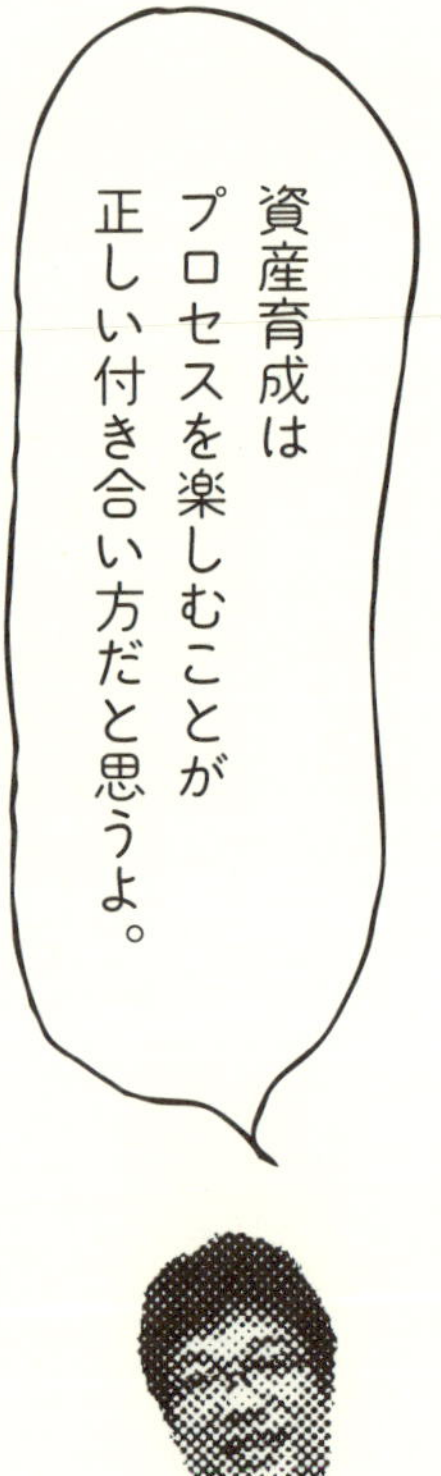
資産育成は
プロセスを楽しむことが
正しい付き合い方だと思うよ。

編集T　不安は、悪いことじゃないんですか？

中野　不安は楽しいことです。だって、草食投資隊の3人って、ものすごく不安定な人生を送っていますけど（笑）、そこから得られるものって、本当にいろいろあって、それだけでも人生は豊かになります。

渋澤　不安は「ファン」。つまり「楽しいこと」ってことだね。

中野　そうそう。不安定だからこそ、得られるものがたくさんある。もし、これがとても安定した地盤の上だったら、自分から積極的に行動を起こそうという気もなくなるでしょうし、今、実際に得られているさまざまな満足感は、ほとんど得られないでしょうね。

「リスク」という言葉も、常にネガティブワードとして捉えられがちなのですが、実はそうでもないですよね。金融的に言うと、リスクは上にも行けば下にも行く。つまり「価格のブレ」を意味しているわけですが、多くの人は上に行くことを見ずに、下に行くことばかりを見ている。だからネガティブ思考になってしまうのです。

でも、リスクというのは、今も申し上げたように「値動き」のことを意味しているわけだから、下に行く不安と同じだけ、上に行く期待もあるわけです。つまり、不安を全くなくした人生というのは、全く期待も持てないのと同じことなのです。

まあ、期待の持てない人生を送りたかったら、常に安定したところに自分の身を置いてくださいとも言えるのですが。

編集T　でも、そういう思考の人は増えているかも。不安に苛まれるくらいなら、たとえ期待値の低い人生であってもいい、みたいな。

中野　それは、何のためにあなたは生きているのですか？　ということですね。

藤野　子育てもそうだし、資産を育成することも同じだと思うのだけれども、育てることの楽しさって、結果よりも育成している途中にあるんですよね。子供も、生まれた1秒後に成人していたら、何も面白くないじゃないですか。

もちろん、子育ては思ったようにいきませんが、逆に思った以上のことが起きたりすることもある。で、一緒にプロセスを楽しんでいくことが大事。だから、すぐに結果を求めるのではなく、それを楽しんでいく。一緒に過程を創っていく。その中で、喜怒哀楽と向き合っていくというのが、資産育成との正しい付き合い方なんだと思います。

逆に正しくない付き合い方というのは、とにかく結果だけを求めて、イライラしてしまうこと。これでは、何のために投資をしているのか、わからなくなります。

中野 究極的には自分事から離れれば本物なんですけれどもね。おそらく、大半の人は自分の老後、自分の豊かな生活を実現するために投資をするのだと思います。それはそれでいいのですが、もうひとつ先に考えを進めて、たとえば今まで自分の先祖が自分のためにしてくれたことを、自分よりも後の世代の人たちにつないでいく。そのために自分は投資をしているんだ、という考え方が現実に行なわれるようになれば、この動きは本物ですよ。

藤野 投資というと、お金を貯めた人がバクチを打ちにいくという印象が非常に強いのか

もしれないけれども、実は決してそんなことはなくて、「貯蓄＝投資」というように、貯蓄するような感覚で投資をすることもできます。だから、私たちは常に少額でも積立ができる仕組みを作っているわけですし、預貯金という壺に入れるのではなく、投資という行為を通じて、もっと世の中のためになることにお金を入れていきましょうと、一貫して言ってきたのです。

編集T　では、最後に草食投資隊のお三方に、資産育成で最も大切なことは何かということをお聞きして、この座談会も終了ということにしましょう。

SOUSHOKU TOUSHITAI

MESSAGE FROM

SHIBUSAWA

皆さん、いかがでしたか？　おもしろいと思ったようであれば、ぜひ、全国展開している草食投資隊のセミナーにも、足をお運びください。本書の「突っ込み」コメントは、実際にライブでやっていることです！

「これを知る者は、これを好む者に如かず。これを好む者は、これを楽しむ者に如かず」という論語の訓言があります。知ることだけに満足することなく、大いにいろいろなことを好んで行動し、大いに人生を楽しんで、持続的に前進しましょう！

渋澤健

SOUSHOKU TOUSHITAI

MESSAGE FROM

NAKANO

私たちは決してお金なしでは生きていけませんが、単に生きること以上の生き様を顕わにしてしまうのも、お金です。

だからこそ、お金に翻弄されることなく、お金を積極的な自己表現の鑑として捉えてほしいのです。

一人ひとりが持つ喜びや満足、夢から悲しみ、憤りにまで至るさまざまな思いをスマートに表現する、お金との付き合い方を考えることで、きっとステキな人生を自ら創り出せるのだと思います。

そして、お金を育てるための長期投資は、未来に向けた私たちの意思表示です。のんびりカッコよくまいりましょう！

SOUSHOKU TOUSHITAI

MESSAGE FROM

FUJINO

「草食投資」というと、弱々しく感じる人もいるけれども、キリンもゾウも草食なんですよ。草食だって、大きく強くなれる。少しずつでも長期投資をしていくと、それが大きな力になるのです。

また、投資をするのはココロとフトコロを豊かにしていく行動です。決してマネーゲームではありません。今まで避けていたお金のことと少し向き合うだけで、自分の人生が少しずつよくなります。

ゆっくり、小さく、長く。お金を社会に託しながら、大きく育てていきませんか。

藤野英人

COME TO SEE US!

草食投資隊は、独立系直販投信会社を立ち上げ、
運用している３人によって、
2010年4月に結成されました。
全国各地の講演・セミナー・イベントで、
長期投資や自分のお金について考える
きっかけをお伝えしています。

●草食投資隊のFacebookグループページ
https://www.facebook.com/groups/123278684422185/

●東京証券取引所「＋YOUプロジェクト」
「日本応援　全国キャラバン」セミナー
http://plusyou.tse.or.jp/

“タイチョー”
渋澤 健

“フッシー”
藤野英人

“オージ”
中野晴啓

【著者略歴】
渋澤　健（しぶさわ　けん）
コモンズ投信株式会社 取締役会長
公益財団法人日本国際交流センター 理事長
1961 年生まれ。69 年父の転勤で渡米。83 年テキサス大学化学工学部卒業。84 年財団法人日本国際交流センター入社。87 年 UCLA 大学 MBA 経営大学院卒業。複数の米系投資銀行で債券、為替、株式市場の職に携わり、96 年に米大手ヘッジファンドに入社。2001 年に独立し、シブサワ・アンド・カンパニー株式会社を設立。2008 年に「30 年投資」のコモンズ投信株式会社を創業。2012 年に公益財団法人日本国際交流センター理事長に就任。著書に『日本再起動』（東洋経済新報社）『渋沢栄一 100 の訓言』（日本経済新聞出版社）など。
◆コモンズ投信株式会社ホームページ：http://www.commons30.jp/
◆ブログ「渋澤健のナナメな視点」：http://alt-talk.cocolog-nifty.com/

中野　晴啓（なかの　はるひろ）
セゾン投信株式会社 代表取締役社長
公益財団法人セゾン文化財団 理事、ＮＰＯ法人元気な日本をつくる会 理事
1963 年東京生まれ。1987 年明治大学商学部卒業後、西武クレジット (現クレディセゾン) 入社。セゾングループの金融子会社にて債券ポートフォリオを中心に資金運用業務に従事した後、投資顧問事業を立ち上げ運用責任者としてグループ資金の運用のほか、外国籍投資信託や海外契約資産等の運用アドバイスを手がける。その後、株式会社クレディセゾンインベストメント事業部長を経て、2006 年セゾン投信株式会社を設立、2007 年 4 月より現職。著書に『20 代のうちにこそ始めたいお金のこと』（すばる舎）など。
◆セゾン投信株式会社ホームページ：http://www.saison-am.co.jp/
◆ブログ「社長日記」：http://www.saison-am.co.jp/blog/

藤野　英人（ふじの　ひでと）
レオス・キャピタルワークス株式会社 取締役・最高投資責任者 (CIO)
明治大学非常勤講師、東証アカデミー・フェロー
1966 年富山県生まれ。早稲田大学法学部卒業後、国内外の運用会社で活躍。2003 年独立。現在は、販売会社を通さずに投資信託 (ファンド) を購入する直販ファンドの「ひふみ投信」および「ひふみプラス」を運用。ひふみ投信は 2012 年の R&I 社の国内株ファンド大賞を受賞。著者に『日経平均を捨てて、この日本株を買いなさい。』（ダイヤモンド社）など。
◆レオス・キャピタルワークス株式会社ホームページ：http://www.rheos.jp/
◆ブログ「藤野英人【ふっしー】(@fu4) のブログ」：http://ameblo.jp/hidetofujino/

30歳からはじめる お金の育て方入門
貯めながら殖やす新しい習慣

平成25年2月19日　初版発行

著　　者 ――――― 渋澤　健・中野　晴啓・藤野　英人
発 行 者 ――――― 中島　治久
発 行 所 ――――― 同文舘出版株式会社
東京都千代田区神田神保町1-41　〒101-0051
営業(03)3294-1801　編集(03)3294-1802
振替00100-8-42935　http://www.dobunkan.co.jp

 ISBN978-4-495-52171-4
印刷／製本：三美印刷　Printed in Japan 2013